OTTO HOPHAN

JOÃO
O discípulo amado

2ª edição

Tradução
Roberto Vidal da Silva Martins

São Paulo
2024

Título original
Die apostel. Johannes

Copyright © 2008 Quadrante Editora

Capa
Gabriela Haeitmann

Dados Internacionais de Catalogação na Publicação (CIP)

Hophan, Otto
 João, o discípulo amado / Otto Hophan — 2ª ed. — São Paulo: Quadrante, 2024.

 ISBN: 978-85-7465-709-7

 1. João, Apóstolo, Santo I. Título

CDD-270.092

Índice para catálogo sistemático:
1. Santos cristãos: Vida e obra 270.092

Todos os direitos reservados a
QUADRANTE EDITORA
Rua Bernardo da Veiga, 47 - Tel.: 3873-2270
CEP 01252-020 - São Paulo - SP
www.quadrante.com.br / atendimento@quadrante.com.br

SUMÁRIO

JOÃO	5
A ÁGUIA	9
O FILHO DO TROVÃO	25
O DISCÍPULO DO AMOR.....................	33
O CO-APÓSTOLO	59
O "PRESBÍTERO"	73
O VIDENTE..	89
O EVANGELISTA................................	115
O PASTOR	141
O SANTO	151

JOÃO

A figura de São João, segunda personalidade no Colégio Apostólico, é nobre e majestosa; embora seja inferior a Pedro no poder, ultrapassa-o na fé e no amor. Santo Agostinho compara-o a um monte, "que é lugar de paz para o povo. São montes as almas grandes, colinas as almas pequenas. As almas mais pequenas não receberiam a fé se as almas maiores, os montes, não fossem iluminadas pela sabedoria para poderem fazer chegar aos pequenos o que estes não poderiam alcançar".[1]

---

(1) Santo Agostinho, *Tratado sobre o Evangelho de São João* 1, 2.

Em todas as listas dos Apóstolos, João é um dos quatro primeiros, dos esclarecidos, dos cumes audazes lançados para o céu da miséria desta terra. O seu posto no catálogo dos Atos dos Apóstolos aparece imediatamente junto de Pedro, ombro a ombro com ele. Paulo, cheio de reverência, refere-se a João como uma das "colunas da Igreja".[2] A Sagrada Escritura, a Tradição e a arte colocam-no num lugar alto e elevado, transbordante de serena e suave majestade e simpatia, e rodeiam-no de um halo de honra e admiração. Nas *Atas de São João*, escrito gnóstico que data da segunda metade do século II, aparece pela primeira vez uma imagem do Apóstolo tão bela e digna que Licomedes, grande devoto do Santo, chegou a honrá-la com um

---

(2) Gl 2, 9.

culto quase idolátrico. A própria liturgia diz que *"valde honorandus est beatus Johannes"*, "São João é muito digno de honra", como se quisesse acautelar-nos contra o erro de honrar este Apóstolo com um culto adocicado e sentimental.

A partir do século IV, foi conferido a João o título de "o Teólogo", e a tradição deu-lhe como símbolo a águia intrépida e audaz que levanta o seu voo em direção ao sol e o fita de frente. João é realmente uma águia e o seu pensamento eleva-se muito acima do dos outros Apóstolos.

A ÁGUIA

Filho de Zebedeu

João não nasceu de família nobre ou abastada. Seus pais eram Zebedeu e Maria Salomé, seu irmão Tiago o Maior, e tinha por profissão a de pescador. Nasceu provavelmente em Betsaida, tal como a outra dupla de irmãos Apóstolos, Pedro e André. Mas Aquele que nos escolheu desde o ventre materno não pousa os seus olhos em berços dourados, e faz participar dos dons do Espírito os que Ele escolhe.[1]

---

(1) Gl 1, 15.

Os dados do Evangelho dão-nos a entender que João gozava de uma posição econômica e social desafogada. Esse jovem, inteligente e amável pescador da Galileia — os Padres da Igreja afirmam que era o mais novo de todos os Apóstolos por ter sobrevivido a todos eles — devia possuir casa própria, talvez até em Jerusalém, na qual teria recebido Maria depois da morte de seu Filho. Em todo o caso, era tão conhecido que tinha acesso aos círculos mais próximos do príncipe dos sacerdotes.[2]

Ou seja, João aparece-nos no Evangelho como uma antítese daquele outro discípulo a quem Jesus olhou com amor, chamando-o para segui-lo, e que no entanto se afastou dEle por estar possuído pelo dinheiro e não pelo Espírito.[3]

---

(2) Jo 19, 27; 18, 15.

(3) Mc 10, 17-22.

João não estudou nas grandes escolas e, junto com Pedro, será tachado pelo Grande Concílio como homem sem letras e sem instrução.[4] Mas esse homem iletrado escreverá um livro que as escolas de todos os séculos jamais acabarão de desentranhar.

O mestre da sua juventude foi para ele a natureza, sobretudo o mar. Quando os seus braços jovens e vigorosos impeliam à força de remos a sua barca sobre a superfície prateada do lago, os seus olhos cravavam-se acima do mar azul no longínquo horizonte. E ouvia o canto sussurrante das ondas e o rugir das tormentas, que se abatem de um modo terrível sobre o mar, e habituava-se ao perigo e ao pensamento sério e profundo.

---

(4) At 4, 13.

Quem esteja familiarizado com os escritos joaninos sabe que João fala com certa frequência do lago, do mar e das ondas, da água e do céu, das tormentas e tempestades. Mesmo no misterioso livro do Apocalipse, descreve as suas visões inenarráveis com esse tipo de alusões: a voz de Jesus é para ele como "o fragor de muitas águas", o canto dos coros angélicos "como o ruído das grandes águas e como o ribombar de potentes trovões".[5] O que olho nenhum viu nem ouvido algum ouviu, João descreve-o com imagens simples: "O Anjo mostrou-me então um rio de água viva resplandecente como cristal de rocha, que brotava do trono de Deus e do Cordeiro".[6]

---

(5) Ap 1, 16; 14, 2.

(6) Ap 22, 1.

Discípulo de João Batista

Ao seguir a sua vocação para as coisas do alto, João começou por procurar o outro João — o Batista —. Ao lado dele, foi-se preparando com oração e jejuns para a vinda dAquele que haveria de batizar, não só com água, "mas no Espírito Santo e no fogo".[7]

Quando o Batista viu chegar Jesus num dia de primavera, levantou a voz e exclamou: "Eis o Cordeiro de Deus".[8] *O Cordeiro de Deus!* Essa expressão ficou tão profundamente gravada no coração do jovem João que ele mesmo se referiria mais tarde a Cristo como "o Cordeiro". Esse será o nome com que designará habitualmente Cristo ressuscitado e triunfante. "Digno

---

(7) Lc 3, 16; Jo 5, 8.

(8) Jo 1, 29-35.

é o Cordeiro imolado de receber o poder, a riqueza, a sabedoria, a força, a glória, a honra e o louvor". "O Cordeiro estava de pé no monte Sião e perto dele cento e quarenta e quatro mil eleitos". "O Cordeiro vencerá a fera e os reis".[9] João contemplou o "Cordeiro", e essa imagem nunca mais se apagará dos seus olhos.

Quase setenta anos depois, o Apóstolo escreve sobre aquele primeiro encontro com Jesus: "Era cerca da hora décima".[10] Não sabemos nada do que falaram entre si naquela tarde serena. As palavras de Jesus aos homens seriam mais tarde tergiversadas, falseadas, distorcidas; mas João, que foi o primeiro a recebê-las, recolheu-as com um amor jubiloso e guardou-as na sua alma.

---

(9) Ap 5, 12; 14, 1; 17, 14.

(10) Jo 1, 39.

Apóstolo do Senhor

Quando se consideram no Evangelho de João as páginas que se seguem à chamada dirigida aos futuros Apóstolos no Jordão, descobre-se facilmente como pano de fundo a experiência vital do próprio evangelista. João assistiu às bodas de Caná e conclui assim o seu relato: "Com este milagre, Jesus manifestou a sua glória e os seus discípulos creram nEle".[11] Presenciou a expulsão dos vendilhões do Templo de Jerusalém: "Lembraram-se então os seus discípulos do que está escrito: «Devora-me o zelo pela tua casa»".[12] Presenciou também, como testemunha silenciosa, a conversa de Jesus com Nicodemos, e guardou dela

---

(11) Jo 2, 11.
(12) Jo 2, 17.

a ideia profunda que ele mesmo haveria de explanar: "A luz veio ao mundo, mas os homens amaram mais as trevas do que a luz".[13]

Mas chegou também para ele o momento em que, deixando de acompanhar Jesus pela Galileia, teve de voltar às suas redes e à sua barca de pescador. Mas desde o dia em que fora atrás de Jesus, toda a sua mente o seguia e já não podia ocupar-se como antes das tarefas da sua vida corrente. Quando as ondas enchiam a sua barca, lembrar-se-ia com gozosa admiração dos cântaros cheios de água das bodas de Caná e da surpresa do mestre-sala. Quando o vento soprava sobre o lago, encrespando as suas águas, recordar-se-ia das palavras de Jesus a Nicodemos: "O vento sopra

---

(13) Jo 3, 19.

onde quer e tu ouves a sua voz, mas não sabes donde vem nem para onde vai".[14] Quando, depois de uma noite em claro nas fainas da pesca, remava até à margem, meditaria no mistério: "Aquele que pratica a verdade vem para a luz".[15] Uma e outra vez repetiria ao velho Zebedeu e ao seu irmão Tiago essas palavras de Cristo. O Senhor preenchia todo o seu coração. Se o Altíssimo se dignasse encaminhá-lo para a Luz eterna e total!

Quando, finalmente, após cerca de dez meses de espera, Jesus entrou em alto mar com os dois pares de irmãos — Pedro e André, Tiago e João —, João pôde certamente intuir que aquela viagem pelo mar era algo mais do que uma

---

(14) Jo 3, 8.
(15) Jo 3, 21.

simples saída para pescar.[16] *"Duc in altum!* Mar adentro!"* — essa era a palavra de ordem pela qual João tinha esperado tão ansiosamente e por tanto tempo. Depois dessa primeira pesca milagrosa, trouxe feliz a sua barca para terra, amarrou-a junto à margem e seguiu o Senhor para sempre — *in altum*, para as alturas.

Contemplativo

Em contraste com o espírito prático e imediato de Pedro, João é o homem das alturas espirituais, mais dado à contemplação do que à ação. Logo no primeiro voo do seu Evangelho, remonta-se à altura infinita da Trindade de Deus: "No princípio era o Verbo, e o Verbo estava

---

(16) Lc 5, 4.

junto de Deus, e o Verbo era Deus".[17] Santo Agostinho, que também foi uma Águia do espírito, admira esse majestoso voo:

> Voou acima dos cumes da terra, dos espaços do ar, das distantes estrelas, dos coros e das regiões dos anjos. Pois, se não se tivesse elevado acima de todo o criado, não teria chegado Àquele por quem todas as coisas foram feitas.[18]

E, já que vem a propósito, vejamos alguma coisa acerca da diferença entre o Evangelho de João e os outros três, os sinóticos. No Evangelho de São João, o que predomina não é, como nos outros

---

(17) Jo 1, 1.

(18) Santo Agostinho, *Tratado sobre o Evangelho de São João*, 1, 1.

escritos neotestamentários, o pensamento do Reino de Deus e da vontade salvífica de Deus, mas a vida de Deus e a vida em Deus. "Vida", "luz", "amor", bem como os seus opostos "morte", "trevas", "ódio", são ideias fundamentais que afloram continuamente nos escritos joaninos.

No tempo de São João, essas ideias — assim como a do *Logos*, do "Verbo" — também se encontravam na filosofia do judeu Fílon e nas religiões orientais. O evangelista, que, como todos os pregadores, teve de anunciar as verdades eternas com as palavras do seu tempo, tomou esses termos religiosos, à semelhança de Paulo, sem nenhum tipo de preconceito, purificou-os e encheu-os de conteúdo cristão. A "Vida" e a "Luz" — vem a dizer-nos — não estão nem na religião de Mitra, nem no culto de Dionísio, nem na veneração dos

Césares, mas em Cristo: "NEle estava a vida e a vida era a luz dos homens".

E Jesus Cristo é também o verdadeiro *Logos*, não o *Logos* de Fílon, nem aquele que o filósofo pagão Heráclito de Éfeso — da mesma Éfeso onde João, muito provavelmente, escreveu o seu Evangelho — forjara quinhentos anos antes, um ser criado e temporal, intermédio entre Deus e o mundo. Não, o verdadeiro Verbo "era já no princípio"; Ele "estava em Deus", como uma pessoa subsistente em si mesma; mais ainda, o Verbo "era o próprio Deus". Deste modo, João consegue trazer para o caminho de Cristo as correntes espirituais do seu tempo, recolher sem perigo de cair no erro os conceitos da filosofia da sua época e encaminhá-los para Cristo.

O Apóstolo tinha contemplado, fazendo parte do grupo dos três prediletos, os vislumbres da glória divina no Tabor e os abismos da humanidade de Jesus no monte das Oliveiras. Fora lá que havia recebido, não da filosofia alexandrina, mas do próprio Cristo, as suas altíssimas ideias: "E o Verbo se fez carne". Assistira de modo íntimo e pessoal aos mistérios da vida de Cristo e não precisara das fábulas das velhas religiões persas, babilônicas e egípcias. Por isso pôde tomar para si os conceitos e imagens daquelas religiões e elevá-los até à Luz do Cordeiro. Foi o "mais teológico" dos Apóstolos.

Atrevo-me a afirmar, meus irmãos — diz Santo Agostinho —, que nem o próprio João disse aquilo que é, mas somente aquilo que pôde dizer. Ele foi um homem a quem Deus falou, foi um homem iluminado por Deus, mas sempre tão somente um homem. Disse alguma coisa porque foi *iluminado*. Se não tivesse sido iluminado, não teria dito nada. Mas porque foi um *homem* iluminado, não disse tudo aquilo que é, mas tudo o que um homem pode dizer.[19]

---

(19) Santo Agostinho, *Tratado sobre o Evangelho de São João* 1, 1.

O FILHO DO TROVÃO

Um temperamento forte

Poder-se-ia pensar que um espírito tão elevado como o de São João se movia apenas nas regiões mais elevadas do pensamento. Neste sentido, uma arte tola apresentou-nos por muito tempo a figura de um São João extramundano, até efeminado, menosprezando a sua robusta espiritualidade, bem como a dignidade do seu amor, sobre o qual iremos agora deter-nos.

Apesar da sua elevada inteligência, São João não foi, de modo algum, um intelectual frio, mas um homem vibrante, cheio de amor. A vitalidade e o ardor do seu temperamento eram tão chamativos que o próprio Senhor, quando da escolha dos Apóstolos, lhe impôs sorridente um sobrenome: "Tiago, filho de Zebedeu, e João, seu irmão, aos quais pôs o nome de Boanerges, que quer dizer «filhos do trovão»".[1] Quando nos seus escritos João fala com tanto fervor da vida, é porque um homem da sua vitalidade não pôde deixar de impressionar-se poderosamente com as palavras do Senhor da vida.

Esse seu caráter colérico e fervoroso representou, sem dúvida, uma fonte permanente de tentações para ele. Santo Agostinho formulou uma preciosa observação sobre "a poeira terrena que se encontra até nos mais elevados cumes

---

(1) Mc 3, 17.

da grandeza humana".[2] Também João, a Águia, se manchou de vez em quando com essa poeira humana.

Assim o mostra aquele pedido, ambicioso e cheio de presunção, que Tiago e ele fizeram a Jesus para que lhes reservasse o primeiro lugar no Reino do Senhor.[3] O seu temperamento mostra-se ainda claramente nos surtos de um zelo incompreensivo e intransigente. O Evangelho fornece-nos dois exemplos dessa intransigência. Junto com o seu irmão Tiago, João pede que "caia do céu um fogo que destrua os samaritanos por não os terem acolhido".[4] Marcos e Lucas, mencionando-o expressamente, narram um outro episódio:

---

(2) Santo Agostinho, *A Cidade de Deus* 5, 26.

(3) Mc 10, 37.

(4) Lc 9, 54.

"João disse-lhe: Mestre, vimos um homem que expulsava demônios em teu nome e lho proibimos, porque não é dos nossos".[5]

Jesus conhece esse zelo precipitado, esse interesse intransigente pelo Reino de Deus que, no decorrer dos séculos, confundiria tantas vezes a honra de Cristo com a honra e o proveito próprios, e exclama: "Não lho proibais, porque não há ninguém que faça um prodígio em meu nome e em seguida possa falar mal de mim. Pois quem não é contra vós é a vosso favor". São Paulo, com horizontes mais amplos que João, escreveu na sua Epístola aos Filipenses uma frase que é como um eco desta doutrina evangélica: "É verdade que alguns pregam Cristo por espírito de inveja e rivalidade [...]. Mas

---

(5) Mc 9, 38, Lc 9, 49.

que importa? Contanto que em qualquer caso Cristo seja anunciado, alegro-me e continuarei a alegrar-me".[6]

Amor ardente

João teve de lutar a vida inteira contra o seu caráter impetuoso e violento, que poderia tê-lo levado à dureza de coração. Mas esse seu modo de ser ardente continua a notar-se em muitos trechos dos seus escritos. Por exemplo, quando já era um ancião, escreve que "não se deve sequer mencionar os que ensinam o erro".[7] Ele mesmo, em Éfeso, deu exemplo desse rigor no caso do herege Cerinto, como testemunha Santo Ireneu;[8]

---

(6) Fl 1, 15.

(7) 2 Jo 10.

(8) Santo Irineu de Lyon, *Contra os hereges* 3, 4.

foi a esse heresiarca que, segundo a lenda, dirigiu em Roma aquelas duras palavras: "Não te conheço, primogênito de Satanás".

Mas aqui se mostra precisamente e com toda a evidência o fundamento da sua intolerância, que nascia do seu amor, e não de um espírito egoísta e áspero. João, que amava o Senhor com o ímpeto fervoroso do seu coração, pôs esse mesmo fervor na defesa de Cristo contra toda a ofensa e injúria. Não saía em defesa de si mesmo, mas do seu amado Senhor e Mestre.

Tinha, porém, ouvido do Senhor que "o Filho do homem não veio perder os homens, mas salvá-los".[9] E "o filho do trovão" lutou por conseguir esse amor compassivo, como claramente o demonstram

---

(9) Lc 9, 56.

os seus escritos. Se fala com tanta frequência do amor, é para manifestar essa realidade, tão arraigada nele, e para iluminar e mitigar à luz do amor do Mestre o seu próprio amor, duro e intransigente. Porque o amor de Cristo, embora igualmente intransigente na defesa da verdade, não é "trovejante", cintilante, fulgurante. O verdadeiro e legítimo amor é "paciente e benigno, não é orgulhoso, não se irrita. Tudo desculpa, tudo crê, tudo espera, tudo suporta".[10]

---

(10) Cf. 1 Cr 13, 4.

O DISCÍPULO
DO AMOR

Amor virginal

O que caracteriza mais profundamente a personalidade de João não é, pois, o seu espírito trovejante, mas o amor. Ele próprio apresenta-se no Evangelho, não menos de cinco vezes, como "o discípulo a quem Jesus amava".[1] É claro que o Senhor também amava os outros. Na Última Ceia, chama-os com o doce nome de *filioli*, "filhinhos", e

---

(1) Jo 13, 23; 19, 26; 20, 2; 21, 7 e 20.

afirma-lhes expressamente: "Já não vos chamo servos, mas amigos".[2] Mas há entre Jesus e João uma misteriosa intimidade, um laço de amor mais profundo que com os outros Apóstolos. E os outros, com exceção de Judas, reconhecem respeitosamente essa preferência e não disputam a João esse primeiro lugar, ao contrário do que fazem com Pedro.

Qual foi o fundamento dessa relação de maior intimidade entre Jesus e João? O amor de Deus está acima dos juízos humanos. Não podemos, por isso, chegar ao âmago, à razão profunda dessa amizade. Mas o filho de Zebedeu não foi nem inferior nem indigno da amizade com o Filho de Deus. Era uma Águia e um Boanerges, e precisamente aqui está a razão da afinidade da sua

---

(2) Jo 13, 33; 15, 15.

alma com a alma elevada de Jesus, que, como Ele mesmo manifestou, tinha descido do céu para trazer fogo à terra, não para abrasar os homens, como João pretendia, mas para inflamá-los num fogo sobrenatural.[3]

O texto da liturgia da festa de São João, inspirado na tradição dos Padres antigos, expressa-o de um modo ainda mais profundo: Jesus distinguiu João com um amor especial por causa da virgindade do Apóstolo. O próprio João falará no Apocalipse daqueles que "não se contaminaram com mulheres, pois são virgens; são eles que seguem o Cordeiro para onde quer que vá".[4] Foi por esse motivo que ele próprio pôde segui-lo até os cumes inacessíveis da Trindade, porque

---

(3) Cf. Lc 12, 49.

(4) Ap 14, 4.

os puros de coração se fazem dignos de contemplar a Deus.

Na Quinta-feira Santa

João evoca no seu Evangelho os três grandes momentos da sua amizade com Jesus.

O primeiro é o da Quinta-feira Santa. Jesus escolheu os dois discípulos que mais o amavam, cada qual à sua maneira, para que preparassem a sua Última Ceia: esses discípulos eram Pedro e João. "Ide e preparai-nos a ceia da Páscoa",[5] disse-lhes. Cheio de pressentimentos e angústia, João tratou do cordeiro — o Cordeiro! — e preparou o cálice do Senhor, do qual ele também haveria de beber...

---

(5) Lc 22, 8.

Quando se reclinaram sobre os leitos ao redor da mesa, Jesus indicou a João o lugar mais invejável, ou seja, junto ao seu coração, um lugar tão invejável como aquele que ele e o seu irmão Tiago tinham pedido um dia ao Senhor, à direita e à esquerda do seu trono no Reino. Agora estava tão perto do coração do seu amigo divino que podia ouvir as suas batidas misturadas com a angústia daquela hora: "Desejei ardentemente comer convosco esta Páscoa, antes de padecer".[6]

Estava tão perto daqueles lábios divinos, que foi como se caíssem sobre ele as preciosas palavras que o Senhor pronunciou para consolo dos seus discípulos na trágica véspera da sua Paixão e Morte. João foi o único que, em

---

(6) Lc 22, 15.

cinco capítulos, relatou as palavras de despedida de Jesus, ensanguentadas pela amargura humana e iluminadas pela luz da divindade:

> Vou preparar-vos um lugar. Quando tiver partido e vos tiver preparado um lugar, voltarei e tomar-vos-ei comigo, para que onde eu estou, estejais vós também [...]. Não vos deixarei órfãos [...]. O Paráclito, o Espírito Santo, que o Pai enviará em meu nome, ensinar-vos-á todas as coisas e vos recordará tudo o que vos disse [...]. Permanecei em mim e eu permanecerei em vós. Eu sou a videira e vós os ramos. Quem permanecer em mim e eu nele, esse dará muito fruto.[7]

---

(7) Jo 13-17.

Não é de estranhar que, passados muitos lustros, João ainda pudesse repetir fielmente o pensamento dessas últimas palavras de Jesus. Naqueles momentos inesquecíveis, as palavras do Senhor vibravam muito perto do seu ouvido e ainda mais perto do seu coração.

A meio da ceia, Jesus exclamou: "Em verdade vos digo que um de vós, um que come comigo, me há de entregar".[8] João pôde notar o calafrio que percorreu o corpo de Jesus e que parece refletir-se no seu relato, mais emocionado que o dos outros Evangelhos.

Na sua famosa pintura da Ceia — felizmente restaurada em Santa Maria das Graças em Milão —, Leonardo da Vinci plasmou de um modo dramático a surpresa e o espanto com que os

---

(8) Mc 14, 18; Jo 13, 21.

discípulos receberam a terrível revelação de Jesus. Chama a atenção sobretudo o grupo à direita do Mestre, formado por João, Pedro e Judas. Judas parece estar a defender-se da indignação dos seus companheiros.

Leonardo da Vinci representou nessa obra-prima o que o próprio João descreve no seu Evangelho: "Os discípulos olhavam uns para os outros sem saber a quem se referia. Um dos discípulos, a quem Jesus amava, estava à mesa reclinado ao peito de Jesus. Simão Pedro fez-lhe sinal e disse-lhe: «Pergunta-lhe de quem é que fala»". Pedro tem em seu poder as chaves do reino dos céus, mas João tem a dos mistérios do coração de Jesus. Inclinando-se mais sobre o peito de Jesus, perguntou-lhe: "Senhor, quem é?" Jesus respondeu: "É aquele a quem eu der o pão ensopado".

Não podemos ler esta passagem evangélica sem estremecer; parece-nos ver os olhos espantados do evangelista no momento em que Jesus, seguindo o costume de um pai de família, quando queria dar uma prova especial de amor a um dos seus comensais, "molhou o pão e deu-o a Judas Iscariotes".[9]

João e Judas: o discípulo do amor e o discípulo da traição! Ambos se sentiam frente a frente na mesma situação atormentada e diante do mesmo mistério, porque tanto o amor como o ódio têm a vista muito aguçada. Judas seguia obstinada e dissimuladamente os gestos de afeto de João; João observava dura e indignadamente a malícia encoberta de Judas.

---

(9) Jo 13, 21ss.

Um ano antes, depois do discurso eucarístico na sinagoga de Cafarnaum, João ouvira aquela dolorosa queixa do Mestre: "«Um de vós é um demônio!» Referia-se a Judas, filho de Simão Iscariotes, que era quem o havia de entregar".[10] Sem meias palavras, apresenta-o depois da ceia de Betânia como um ladrão, porque, tendo a bolsa, furtava o dinheiro que nela se lançava.[11]

João sabia que, dos Doze, nenhum outro a não ser Judas podia cometer aquele crime de traição nunca visto nem ouvido. Só aquele ladrão era capaz de uma ação tão miserável; só o próprio Satanás podia estar nele.[12] Ah, se ele pudesse atirar-se sobre o traidor

---

(10) Jo 6, 71.

(11) Cf. Jo 12, 6.

(12) Cf. Jo 13, 27.

e desmascará-lo! Mas Jesus não o quis e reteve João junto do seu coração. Ao menos, consola pensar que, naquelas horas amargas, Jesus encontrou um alívio para a sua pena na amizade fiel e ardente de João.

"Tendo Judas tomado o pedaço de pão, saiu imediatamente. Era noite..."[13] Mas, depois que o traidor partiu, surgiu na noite uma onda de luz e de amor. "Tendo Jesus amado os seus que estavam no mundo, amou-os até ao fim". "Tomou em seguida o pão e, depois de ter dado graças, partiu-o e deu-lho dizendo: «Isto é o meu corpo que será entregue por vós» [...]. Do mesmo modo, tomou também o cálice, depois de cear, dizendo: «Este cálice é a nova

---

(13) Jo, 13, 30.

aliança no meu sangue, que será derramado por vós»".[14]

Por estar muito perto do coração e da mão de Jesus, João pôde receber o corpo e o sangue do Senhor antes dos outros. É um pormenor muito significativo e consolador. Nessa primeira comunhão de João, realizava-se uma perfeita comunhão, uma comum união, não só de Jesus com ele, mas também dele com Jesus. João é o único que nos transmitiu o discurso eucarístico que se seguiu ao milagre da multiplicação dos pães: "Quem come a minha carne e bebe o meu sangue permanece em mim e eu nele. [...] Assim como [...] eu vivo pelo Pai, assim também aquele que come a minha carne viverá por mim".[15] Ele

---

(14) Jo 13, 1; Lc 22, 19.

(15) Jo 6, 56-57.

mesmo o havia de experimentar naquela Quinta-feira Santa, o grande dia da sua amizade com Jesus.

Junto da Cruz

A Sexta-feira Santa foi para João o seu segundo grande dia de amor. Têm-no censurado por ter dormido no Horto das Oliveiras, como os outros, uma hora depois de ter descansado sobre o coração do seu Mestre. Lucas tenta, como médico, desculpar esse sono inexplicável: "Achou-os adormecidos de tristeza", e o próprio Jesus não os quis advertir senão com estas palavras: "O espírito está pronto, mas a carne é fraca".[16]

São João completa e retifica o curtíssimo relato de Marcos ("Então todos

---

(16) Lc 22, 45; Mc 14, 38.

o abandonaram e fugiram") com estas palavras: "Simão Pedro e mais outro discípulo seguiram Jesus até o pátio da casa do sumo sacerdote".[17] Com o coração oprimido pela angústia, João aguardava lá a sentença que havia de recair sobre o seu amado Mestre. Por que, no entanto, não esteve ao lado dEle no caminho do Calvário, ele que era o amigo, e foi preciso que um estranho prestasse a Jesus o último serviço de ajudá-lo a carregar a Cruz?

João cumpria naquele momento outro dever amargo: o de acompanhar Maria, a Mãe do Senhor, ao cume do Calvário. Foi João quem consolou Maria ou Maria quem consolou João? Nenhum dos dois podia encontrar outro consolo senão o de aceitar e cumprir a vontade

---

(17) Mc 14, 50; Jo 18, 15.

do Pai. Mas não deixou de ser alentador para Maria não estar sozinha ao pé da Cruz. João também estava ali. Não se envergonhou do seu Amigo quando o viu condenado como um criminoso, nem temeu pela sua vida como os outros Apóstolos.

Permanece junto da Cruz. Ouve os golpes do martelo, as blasfêmias dos inimigos de Cristo, e — o que mais lhe doeu — aquela misteriosa queixa do Mestre: "Meu Deus, meu Deus, por que me abandonaste?", grito angustiante de quem estava em Deus e era o próprio Deus. João permanece junto do seu Amigo que foi abandonado por Deus. Estava ainda como que num êxtase de tristeza e amor quando os soldados vieram e um deles atravessou o peito de Jesus com uma lança, aquele peito sobre o qual um dia antes ele se tinha reclinado.

Naquele momento, os seus olhos, mergulhados numa tristeza mortal, viram claramente como do coração trespassado brotavam sangue e água. João, o evangelista não só da glória, mas também do coração de Jesus, afirma-o solenemente no seu Evangelho: "Aquele que o viu é quem o atesta, e o seu testemunho é verdadeiro, e ele sabe que diz a verdade, a fim de que vós também creiais". E, levantando o olhar por sobre essa chaga sangrenta e luminosa, vê à distância, como que numa visão, as multidões que através dos séculos "olharão para Aquele que trespassaram".[18]

O amor de João acompanha o Senhor no seu ocaso como um último e dourado raio de sol. Só Jesus sabe o que significou para Ele, naquelas horas dolorosas,

---

(18) Jo 19, 31-37.

a fidelidade do seu amigo, certamente o mais amado, a flor, a coroa e o selo de todos os outros. E por isso ofereceu-lhe mais uma vez o seu coração como penhor de amor: Ele, tão pobre que não dispunha naquela hora nem de roupa para se vestir, deu ao seu amigo o último e mais apreciado de todos os dons: a sua Mãe.

"Quando Jesus viu a sua mãe e, perto dela, o discípulo que amava, disse à sua mãe: «Mulher, eis aí o teu filho». Depois disse ao discípulo: «Eis aí a tua mãe». E, dessa hora em diante, o discípulo levou-a para sua casa".[19] Que melhor presente se pode dar a um amigo do que a própria mãe? A quem se pode confiar melhor a própria mãe do que a um amigo?

---

(19) Jo 19, 26ss.

Diante da Cruz, o amor dos dois pelo Senhor estará unido para sempre. João será o consolo de Maria e Maria o consolo de João. Nem Maria podia encontrar melhor protetor que João, nem João melhor que Maria. Assim se entende por que a arte cristã, ao pintar a cena do Calvário, se fixou com predileção naquela trindade de amor: Jesus, Maria e João. De Maria e João ao pé da Cruz de Jesus, brota uma luz maravilhosa para toda a cristandade.

No dia da Páscoa

O terceiro grande dia de amor para João foi o da Páscoa. É certo que a Sagrada Escritura não diz que o Ressuscitado participou especialmente a João o seu triunfo, como fez com Pedro. Mas nisso está precisamente a grandeza de João.

Quando Maria Madalena, com a respiração entrecortada e o semblante descomposto, vai ter na manhã da Páscoa "com Simão Pedro e com o outro discípulo a quem Jesus amava" e lhes diz: "Tiraram o Senhor do sepulcro e não sabemos onde o puseram", Pedro sai com o outro discípulo e vão ambos ao sepulcro. "Corriam juntos, mas o outro discípulo correu mais depressa do que Pedro e chegou primeiro ao sepulcro".[20] Por ser mais jovem, João tinha os pés mais rápidos; não eram, porém, só os pés que o levavam, e sim, sobretudo, o coração.

Mas João reconhece respeitosamente os direitos da preeminência e da idade de Pedro: "Inclinou-se e viu ali os panos no chão, mas não entrou". Pedro chega

---

(20) Jo 20, 3-10.

e examina o sepulcro vazio de um modo por assim dizer oficial: "Entrou no sepulcro e viu os panos postos no chão. Viu também o sudário que estivera sobre a cabeça de Jesus. Não estava, porém, com os panos, e sim enrolado num lugar à parte".

Pedro vê e pensa. João vê e crê: "Então entrou também o discípulo que chegara primeiro ao sepulcro, e viu e creu". João crê, embora afirme expressamente que "ainda não haviam entendido a Escritura, segundo a qual Jesus devia ressuscitar dentre os mortos". João, que possivelmente fora o primeiro a comungar na Última Ceia, que fora o único discípulo a estar junto da Cruz, foi também o primeiro a crer na Ressurreição. O seu amor conferiu-lhe uma vantagem sobre os outros, até mesmo sobre Pedro.

Essa vantagem no amor manifestar-se-á claramente em outra cena pascal, na segunda pesca milagrosa, chamada "a esquecida" por ter sido João o único dos evangelistas a relatá-la. Tudo aconteceu como naquela primeira pesca milagrosa da primavera do seu amor e da sua vocação: o mar, os companheiros e até toda uma noite passada em trabalho estéril. Um estranho grita-lhes da margem: "Lançai a rede à direita da barca e achareis. Lançaram-na e já não podiam arrastá-la por causa da grande quantidade de peixes".[21] Foi então que João reconheceu o Senhor naquele desconhecido. Apaixonada e suavemente, dirige-se a Pedro: "É o Senhor". João é o primeiro a reconhecê-lo, pois é o primeiro no amor.

---

(21) Jo 21, 14.

Amar e conhecer

E aqui encontramos outro dado de grande importância para compreendermos a personalidade e os escritos de João. Ainda há muito a dizer sobre os seus escritos: são diferentes, mais profundos, mais grandiosos, infinitamente mais amplos nas suas abordagens que o mundo dos sinóticos. O que os três primeiros evangelistas muitas vezes só mencionam, resplandece nele com uma luz magnífica e poderosa.

Aduziram-se muitos motivos para esta diferença: o diverso ponto de vista sob o qual João contempla a vida do Senhor, a época em que a escreveu e sobretudo o seu próprio espírito de águia, com o qual voou mais alto que os seus companheiros do colégio apostólico. Todas estas explicações parecem legítimas,

mas tornam o mistério do problema joanino ainda mais profundo.

João foi o discípulo a quem Jesus amou com predileção, e que amou Jesus mais do que os outros. Por ser quem mais o amou, foi também quem melhor o conheceu, pois só quem ama pode chegar a um conhecimento mais profundo. A inteligência não vai além das propriedades, ao passo que o amor contempla a essência. Todos os discípulos amavam Jesus, e Jesus chama-os amigos, porque "vos dei a conhecer tudo quanto ouvi de meu Pai".[22] Mas João ultrapassa-os no amor e por isso vai também mais longe do que eles no conhecimento. Aqui reside a razão última do problema joanino.

Com os olhos do amor, João reconheceu o Messias já no primeiro encontro

---

(22) Jo 15, 15.

com Jesus: eis por que Jesus aparece no seu Evangelho desde o começo como Messias e Filho de Deus. Com a sede do amor, João foi bebendo todas as palavras de Jesus para que ficassem indeléveis e inesquecíveis até o fim dos tempos. Com a intimidade e a ânsia do amor, espiou todos os latejos do coração do Mestre, recolheu o seu sangue e compreendeu todo o alcance da sua ferida. O sangue e a água, que brotaram daquele coração diante dos seus olhos, fizeram-no chegar às profundidades mais íntimas do conhecimento. *"Cucurrit citius*... João, o discípulo a quem Jesus amava, correu mais depressa..."

João escreve na sua primeira Carta aquela significativa frase: "Quem não ama não conhece a Deus".[23] Amamos a

---

(23) 1 Jo 4, 7.

Deus para conhecê-lo e, quanto mais o amamos, mais profundamente o conhecemos. E quanto mais o conhecemos, tanto mais ardentemente o amamos.

O CO-APÓSTOLO

Pedro e João

Se se comparam as duas listas dos Apóstolos que São Lucas nos dá, a do seu Evangelho e a dos Atos dos Apóstolos, vê-se que, na do Evangelho, João aparece em quarto lugar, ao passo que na dos Atos, aparece em segundo, logo depois de Pedro,[1] sinal e prova da importância crescente que João foi adquirindo na Igreja nascente.

---

(1) Lc 6, 14; At 1, 13.

Está certo que os Atos não dão uma relação extensa do trabalho de João, como o fazem com Pedro e Paulo. Pedro aparece num primeiro plano cheio de luz, mas João ergue-se junto dele, silencioso e cheio de majestade. A comunidade dos fiéis inclinava-se reverente à passagem desses dois grandes que, pouco tempo antes, eram simples pescadores do mar da Galileia, e agora lançavam outros tipos de redes no alto mar da humanidade, as redes de Cristo.

Os dois apresentam-se quase sempre juntos: Pedro com João, não com o seu irmão Tiago ou com algum outro dos Doze. Os dois caminham, trabalham e sofrem juntos. Quando Dürer reuniu Pedro e João no seu magnífico quadro, não fez mais do que expressar o espírito da Sagrada Escritura.

João realiza o milagre do coxo de nascença em união com Pedro: "Pedro e João fitaram os olhos nele".[2] João bebeu o cálice da paixão pela primeira vez junto com Pedro: "Prenderam-nos e levaram-nos para o cárcere".[3] João profere juntamente com Pedro aquela nobre declaração cheia de santa liberdade: "Não podemos deixar de falar das coisas que temos visto e ouvido".[4] João caminha ao lado de Pedro na Samaria: "Então, os dois Apóstolos impuseram-lhes as mãos e receberam o Espírito Santo".[5]

Podemos dizer que Pedro e João aparecem tão perfeitamente unidos na Igreja nascente porque o Apóstolo que era a

---

(2) At 3, 4.

(3) At 4, 3.

(4) At 4, 20.

(5) At 8, 17.

Rocha procurava a companhia do discípulo que descansou sobre o peito de Jesus; porque o Apóstolo depositário das pesadas chaves procurava a companhia do evangelista que tem por símbolo uma águia; porque o Apóstolo que negara o Senhor procurava a companhia do Boanerges que desejava o primeiro lugar.

Pedro e João são grandes, mas, juntos, a sua grandeza é ainda mais impressionante. Pedro, por meio de João, perscrutava as profundezas do Senhor; João, por meio de Pedro, as necessidades do rebanho. Pedro expia em João o pecado das suas negações; João expia em Pedro o pecado da sua presunção. Parecia que, com essa união, realizavam o último desejo do Mestre: "Eu neles e tu em mim, para que sejam perfeitos na unidade, e o mundo reconheça que me enviaste e os amaste, como me amaste a mim".[6]

No ano de 42-43, morreu o Apóstolo Tiago, irmão de João.[7] É interessante reparar que — a despeito de uma falsa interpretação das palavras do Senhor a João e Tiago: "Haveis de beber o cálice" —, João não foi sacrificado na perseguição de Herodes que vitimou o seu irmão, e que a narração bíblica não indica com uma só palavra a sua morte, mas, ao contrário, continua, depois da morte de Tiago, a falar do conjunto dos escritos de João. Durante a perseguição de Herodes, João estava provavelmente longe de Jerusalém, em alguma viagem apostólica. No meio dessas tarefas e preocupações, ficou a saber da morte

---

(6) Jo 17, 23.

(7) At 12, 1-2.

sangrenta do seu irmão, daquele Tiago cheio de vida, de energia e de fogo.

A memória de João voltava-se para as lembranças da sua juventude: a casa paterna tão distante, o mar azul e as noites silenciosas sob as estrelas. Ante a morte do irmão, João pensaria na sua mãe Salomé, banhada em prantos. Com os olhos cravados nas águas longínquas, pensaria no seu pai Zebedeu, compreendendo que os caminhos do Senhor não são os nossos caminhos, nem os seus pensamentos os nossos. Tiago tinha morrido e ele seria obrigado a trabalhar pelos dois. Já conhecia agora o significado do cálice que, na audácia da sua juventude, prometera ao Senhor que havia de beber.[8] Também a ele estava reservado esse cálice, quando, como e onde o Senhor quisesse.

---

(8) Mt 20, 23.

Paulo e João

A Sagrada Escritura nomeia nesta época outro Apóstolo ligado a João: Paulo. Encontraram-se talvez, pela primeira vez, no Concílio Apostólico de Jerusalém, no ano 49.[9] Os Atos dos Apóstolos não referem nenhuma intervenção especial de João naqueles dias. Pedro falou e João não teve nada a acrescentar. Mas Paulo, na sua Carta aos Gálatas, menciona expressamente João: "Tiago, Cefas e João, que eram considerados as colunas [da Igreja], reconhecendo a graça que me foi dada, estenderam as mãos a mim e a Barnabé em sinal de pleno acordo".[10]

Os dois eram muito diferentes, quer pela sua procedência, quer pelo seu

---

(9) At 11, 30; Gl 1, 18; At 15, 6ss.

(10) Gl 2, 9.

caráter ou pelo seu passado. João era o discípulo a quem Jesus amava; Paulo, o discípulo a quem Jesus dissera: "Por que me persegues?" João, o místico em profundidade; Paulo, o Apóstolo que revolucionaria o mundo inteiro. Mas apertam as mãos por um justo motivo. Une-os o mesmo amor ardente a Cristo, e, na sua espiritualidade, parecem-se muito. Os pensamentos de ambos giram tão alto em torno de Cristo que é difícil dizer quem se eleva mais.

Frequentemente, as palavras de um ressoam como um eco magnífico das do outro. João exclama com júbilo ao falar do Verbo divino: "Tudo foi feito por Ele e sem Ele nada foi feito". E Paulo parece responder:

> Ele é a imagem do Deus invisível, o primogênito de toda a criação.

Nele foram criadas todas as coisas nos céus e na terra, as visíveis e as invisíveis, os tronos e as dominações, os principados e as potestades. Tudo foi criado por ele e para ele. Ele existe antes de todas as coisas e todas as coisas subsistem nele.[11]

Era o acorde maravilhoso de dois sinos gigantescos! Muito se falou e escreveu sobre a teologia joanina e a paulina, e muito será ainda dito e escrito. Mas deve-se ter por certo que Paulo e João nunca estarão em contradição em qualquer ponto da teologia, antes serão como irmãos que anunciam a mesma verdade: Cristo.

---

(11) Jo 1, 3; Col 1, 15.

Maria e João

Finalizemos este capítulo com algumas poucas considerações sobre a mais íntima de todas as relações de João: Maria.

A lenda e a arte souberam entretecer em torno desse relacionamento os idílios mais doces. E João, certamente, cuidou de Maria como só o discípulo do amor poderia fazê-lo. Maria, porém, desprendida e magnânima, esforçou-se por desviar a delicada atenção de João para o rebanho de Cristo. Não é Ela a senhora que quer ser atendida e servida; muito pelo contrário, será sempre "a escrava do Senhor", que não conhece nada mais elevado e amável do que cumprir a palavra de Deus.

A Sagrada Escritura testemunha que João se ausentou com frequência de

Jerusalém. Quando Paulo esteve em Jerusalém pela primeira vez, de todos os Apóstolos só encontrou Pedro e Tiago.[12] A viagem missionária de Pedro e João pela Samaria deve tê-los retido muitos meses longe da cidade.[13] João também não é citado na última viagem de Paulo a Jerusalém.[14] Não é de crer que, dada a idade de Maria, o Apóstolo a tivesse levado consigo nas suas cansativas viagens apostólicas. Maria provavelmente permaneceu em Jerusalém e ficou sozinha, tal como em Nazaré antes da vinda do Anjo. Com a mesma jubilosa resignação com que vira o seu Filho partir pelos caminhos dos homens, deixou sem a menor queixa que João se dedicasse à sua missão.

---

(12) Gl 1, 19.
(13) At 8, 14.
(14) At 21, 17.

A tese que afirma ter Maria morrido em Jerusalém parece-nos mais provável que a que aponta Éfeso como o lugar da sua dormição (muito embora o turismo turco, por razões bastante compreensíveis, tenha procurado fortalecer nos dias de hoje esta última opinião). A questão do lugar da morte de Maria está intimamente ligada à de saber se João esteve ou não em Éfeso.

Pode-se afirmar com toda a certeza que o discípulo a quem o Senhor confiou a sua Mãe foi a essa cidade no ano 70, como veremos nas próximas páginas. Nessa altura, Maria já teria morrido ou estaria com oitenta ou oitenta e cinco anos de idade, o que, pensando humanamente, lhe tornaria quase impossível deixar a sua pátria e mudar-se para a distante e pagã Éfeso.

Os testemunhos da morte de Maria em Jerusalém encontram-se em algumas lendas do século V, ao passo que o relato da morte de Maria em Éfeso só procede do século XIII. Um texto do Concílio de Éfeso do ano 431, invocado por muitos como prova desta tese, é incompleto e obscuro, e provavelmente refere-se antes a uma igreja do que à presença física de Maria em Éfeso.

Seja como for, foi acompanhado da bênção de Maria que João avançou pelo mundo para conquistá-lo para Cristo.

O "PRESBÍTERO"

Ministério em Éfeso

Depois da menção ao nome de João que se faz na Epístola aos Gálatas, a propósito do Concílio Apostólico do ano 49,[1] as pistas do grande Apóstolo perdem-se na Sagrada Escritura por vários decênios. O Apocalipse volta a mencioná-lo: encontramo-lo então em Patmos, uma pequena ilha do mar Egeu, a cem quilômetros de Éfeso. Aliás, é o próprio João quem nos informa

---

(1) Gl 2, 9.

desse seu domicílio na introdução do Apocalipse: "Eu, João, estava na ilha de Patmos por causa da palavra de Deus e do testemunho de Jesus".[2]

Podemos preencher esta lacuna escriturística de mais de quarenta anos na vida de João com alguns dados fidedignos da tradição eclesiástica. Segundo essa tradição, o território missionário de João foi a Ásia Menor e o lugar da sua residência Éfeso, de onde governava as igrejas circundantes.

Éfeso era a cidade mais importante da Ásia Menor e nela residia naquele tempo o pró-cônsul da província romana da Ásia. A excelente localização do rio Caistro, cuja corrente navegável desaguava no mar Egeu, e a sua posição crucial como nó de comunicação entre

---

(2) Ap 1, 9.

os caminhos romanos, fizeram de Éfeso uma cidade comercial e próspera. Foi um reduto da arte e também do paganismo e do culto imoral da deusa Ártemis — Diana —, cujo templo se contava entre as maravilhas do mundo antigo. Essa Éfeso artística e corrompida foi, porém, escolhida pela graça de Deus.

Paulo, já nos começos da sua segunda viagem missionária por volta do ano 53, escolheu essa cidade pela sua importância estratégica.[3] Nos anos seguintes, até 57, continuou a visitá-la e lá trabalhou com tanta eficácia que a população gentia, incitada pelo ourives Demétrio — que viu na pregação de Paulo a ruína do seu negócio de fabricação e venda de estátuas de Ártemis —, se amotinou contra Paulo

---

(3) At 18, 19ss.

e o cristianismo.⁴ Mesmo depois desse episódio e até a sua morte no ano 67, Paulo continuou a cuidar com carinho daquela comunidade, governada pelo seu discípulo Timóteo, e honrou-a enviando-lhe, da prisão onde estava em Roma, uma carta simples e profunda.⁵

Os dados escriturísticos sobre o trabalho de Paulo em Éfeso fornecem-nos alguma chave para elucidarmos a vida de João nessa mesma cidade. João não a governou antes da morte de Paulo no ano 67. Podemos deduzi-lo do propósito de Paulo de "não anunciar o Evangelho onde o nome de Cristo já fosse conhecido".⁶ Talvez João tenha pregado na Palestina antes de ter rebentado a guerra

---

(4) At 19.

(5) Tm 1, 3.

(6) Rm 15, 20.

dos judeus no ano 67 — guerra que confirmava as palavras do Senhor: "Quando virdes Jerusalém sitiada pelos seus inimigos, sabei que está próxima a sua ruína"[7] —, e tenha ido depois para Éfeso, que, com a morte de Paulo, estava espiritualmente desamparada.

A presença de João em Éfeso, tal como a do seu co-Apóstolo e amigo Pedro em Roma, tem sido objeto de discussões. Trata-se de uma questão importante, já que está ligada à da autenticidade do seu Evangelho. A dúvida foi suscitada por uma frase dita por volta do ano 130 por Papias, que foi ouvinte do Apóstolo São João. Este antiquíssimo escritor eclesiástico parece ter dito que "João, o Teólogo, e o seu irmão Tiago foram mortos pelos judeus".

---

(7) Lc 21, 20.

Além de que, na realidade, só se conhecem essas palavras de Papias pela citação que Filipe de Side faz delas no século V,[8] elas não constituem nenhum argumento contra a estadia de João em Éfeso. Mais ainda, Santo Ireneu atesta que o próprio Papias chegou a conhecer pessoalmente João, que residia em Éfeso na época do imperador Nerva (96-98), o que seria impossível se tivesse morrido junto com o seu irmão Tiago no ano 42.[9]

A esse testemunho acrescentam-se outros igualmente fidedignos do século II. O mártir Justino escreve cerca de

---

(8) Filipe de Side, *Historia Ecclesiastica*, em Codex Baroccianus 142; cit. por Franz Xaver von Funk, *Opera Patrum Apostolicorum*, 1, 366.

(9) Eusébio de Cesareia, *História Eclesiástica* 3, 39, 1.

quarenta anos após a morte do Apóstolo: "Houve entre nós — em Éfeso, onde Justino defendeu a verdade do cristianismo contra o judeu Trifão — um homem de nome João, um dos Apóstolos de Cristo, que profetizou sobre os mistérios futuros".[10]

É também muito valioso o testemunho de Polícrates, bispo de Éfeso, que, numa linguagem cheia de mistério, escreve por volta do ano 190 ao papa Vítor I que João, "que descansou sobre o peito do Mestre, e traz na fronte o diadema, sinal do grande Sacerdócio, Sacerdote do Senhor, testemunha e mestre da fé", está enterrado em Éfeso.[11]

---

(10) São Justino, *Diálogo com Trifão* 81.

(11) Eusébio de Cesareia. *História Eclesiástica* 5, 24, 3.

Igualmente Ireneu, bispo de Lyon, afirma repetidas vezes, por volta do ano 202, que "João, discípulo do Senhor, que descansou sobre o coração de Jesus, escreveu um Evangelho quando residia em Éfeso".[12] Este testemunho é particularmente valioso porque se deve ao pai espiritual de Ireneu, Policarpo, falecido em 156, que foi consagrado bispo de Esmirna pelo próprio João.

Por fim, é necessário acrescentar a estes testemunhos verbais o testemunho mudo das ruínas de uma igreja dedicada a São João na cidade de Éfeso. Hoje, aquela cidade tão grande e próspera nos tempos de João, não é senão um monte de ruínas, mas a aldeola pobre e insignificante que ocupa o seu lugar recorda com o seu nome o Apóstolo que

---

(12) Santo Ireneu de Lyon, *Contra os hereges* 3, 1.

ali residiu: *Aya-Soluk*, "cidade do santo teólogo".

O "presbítero"?

Uma outra questão a ser esclarecida é a de saber se, além do Apóstolo João, teria trabalhado em Éfeso ao mesmo tempo um outro João, o "presbítero" João. A hipótese de ter existido um presbítero João diferente do Apóstolo deve-se igualmente a uma frase do já citado Papias. Este enumera a relação de *presbíteros*, que quer dizer "os anciãos", "os mais anciãos" — com o que provavelmente queria dar a entender os Apóstolos — do seguinte modo:

> Quando chego a um lugar que se relaciona com os Presbíteros, verifico cuidadosamente tudo o que os

Presbíteros disseram, seja André, Pedro, Filipe, Tomé, Tiago, João, Mateus ou qualquer outro dos discípulos do Senhor, e o que dizem Aristião e o presbítero João, discípulos do Senhor.[13]

João é mencionado duas vezes nesse texto: a primeira em tempo passado — "o que disse" —, e a segunda em presente — "o que dizem Aristião e o presbítero João". As duas podem referir-se ao Apóstolo João: a primeira, citando-o entre os Apóstolos já falecidos; e a segunda, como a uma testemunha que ainda vive.

Tanto da primeira como da segunda vez, porém, o texto cita-o entre "os Presbíteros" e "os discípulos do Senhor". Nenhum escritor sagrado dos

---

(13) Eusébio de Cesareia, *História Eclesiástica* 3, 39.

dois primeiros séculos menciona qualquer "presbítero João" diferente do Apóstolo, e o bispo Polícrates, que, na carta ao papa Vítor I acima mencionada, fornece a lista dos grandes homens da Igreja da Ásia Menor, não teria deixado de se referir a esse presbítero João, que teria sido um mestre notável daquela igreja.

O primeiro a distinguir o Apóstolo João do presbítero João foi Dionísio, patriarca de Alexandria por volta do ano 250. Depois dele, já no século IV, Eusébio de Cesareia, historiador da Igreja — embora nem sempre seguro —, levado por sua antipatia pelo Apocalipse, apontou o Apóstolo e o presbítero como duas pessoas diferentes.

No entanto, como diz um exegeta, "a existência de um presbítero João diferente do Apóstolo não pôde ser demonstrada nem por Eusébio nem por qualquer dos seus seguidores, e a coincidência e contemporaneidade de dois discípulos de Jesus chamados João não encontra nenhum fundamento em Papias e muito menos na tradição. O «presbítero» João é um produto da falta de crítica da exegese débil e insegura de Eusébio".[14] O "presbítero" João é o Apóstolo João.

O mais ancião

Como é apropriado e significativo o qualificativo de *presbítero* — "ancião" —, aplicado ao Apóstolo São João! Ele próprio se apresenta nas suas segunda e terceira Epístolas com esse nome. "O Presbítero à Senhora Eleita e aos seus

---

(14) Theodor Zahn, em *Realenzyklus für protestantische Theologie und Kirche*, vol. 2, p. 84.

filhos, a quem amo na verdade"; "O Presbítero ao caríssimo Gaio, a quem amo na verdade".[15] É interessante notar que João aparece na arte oriental, por influência da tradição eclesiástica, como um ancião, em contraste com a arte ocidental, que, sob a influência do Evangelho, preferiu representá-lo como um jovem, "o mais jovem".

João foi, na verdade, "o mais jovem"; mas os anos passaram, e ele veio a ser "o mais ancião". Tiago, seu irmão, André, com quem tinha vivenciado aquela "décima hora", Pedro, seu amigo, já tinham partido para a casa do Senhor. Só restava ele, como que esquecido pela morte, a clamar com todas as ânsias do seu coração: "Vem, Senhor Jesus!", e a esperar sempre na promessa do Senhor: "Sim!

---

(15) 2 Jo 1; 3 Jo 1.

Eu venho depressa".[16] Mas ainda teria de aguardar um pouco de tempo, pois lhe estavam reservadas mais algumas altíssimas missões.

"O mais ancião" é também o Patriarca da Igreja da Ásia Menor, o Pai dos Bispos, o Guardião da Verdade, o mensageiro das palavras derradeiras. A introdução ao Apocalipse revela a extraordinária grandeza do presbítero João: "O que vês, escreve-o num livro e manda-o às sete igrejas: a Éfeso, a Esmirna, a Pérgamo, a Tiatira, a Sardes, a Filadélfia e a Laodiceia".[17] Assim como nas últimas horas da tarde se iluminam os cumes das montanhas mais altas, quando todas as outras montanhas já estão na sombra, assim João, precisamente João, havia de

---

(16) Ap 22, 20.

(17) Ap 1, 11.

permanecer, fazendo a luz e o amor dos tempos apostólicos brilharem nas sombras dos séculos vindouros.

O VIDENTE

Patmos

O ancião João descansava solitário na costa da ilha de Patmos. Os seus olhos cansados perdiam-se no horizonte longínquo. Segundo uma tradição, o imperador Domiciano (81-96) exilou o último Apóstolo para essa pequena ilha das Espóradas, ao norte do Dodecaneso, que tem apenas quarenta quilômetros quadrados, e que oferecia um bom refúgio aos piratas. Em fins do século XI, ergueu-se um mosteiro ao sul da ilha em honra do vidente João que, nesse lugar, na junção de dois séculos, como se fosse a conjunção do tempo com a eternidade, teria visto as coisas "que haviam de acontecer".[1] E ainda hoje o peregrino pode ver no sopé da montanha a gruta em que João teria escrito o seu Apocalipse.

É frequente ouvir dizer que o Apóstolo, antes do desterro, teria sido mergulhado num caldeirão de azeite a ferver, mas saído de lá ileso. Tertuliano, falecido em 220, foi o primeiro a relatar essa tradição, mas a sua narrativa tem aspectos duvidosos, e os escritores gregos passam em silêncio o episódio. Diante disso, parece pouco digna de crédito.

A razão pela qual Deus permite que os seus servos, mesmo os mais amados, mesmo aqueles que descansaram no seu coração, caiam sob o poder dos ímpios

---

(1) Ap 1, 19.

é sempre um mistério. Nas suas biografias dos imperadores, Suetônio traça o seguinte retrato de Domiciano:

> Manifestou [no começo do seu reinado] um caráter que era uma mistura de vícios e virtudes, até que as suas virtudes se converteram em vícios. Atrevo-me a pensar que, contra a sua própria natureza, foi ladrão por necessidade e sanguinário por covardia. [...] A sua crueldade foi não só terrivelmente enorme, como também pérfida e inesperada. [...] O sinal mais certo de que estava prestes a cometer um crime era que começava a falar de um modo amável.[2]

---

(2) Suetônio, *Vida dos doze Césares*, Domiciano, 3, 2 e 11, 1-2.

Suetônio também explica por que os cristãos, que no começo foram tratados benignamente, se tornaram alvo da cólera da fera imperial: "Foram especialmente pesados os tributos impostos ao comércio dos judeus. Eram denunciados ao fisco tanto os que viviam segundo os costumes judaicos sem se reconhecerem como judeus [os cristãos], como os que tentavam fugir do imposto ocultando a sua raça".[3]

Esse foi o começo da segunda grande perseguição aos cristãos, movida por Domiciano nos últimos anos do seu reinado, e da qual o nobre e ancião João foi vítima. Era tão orgulhoso que chegou a dar a si mesmo o nome de "Deus e Senhor" e tão infantil que passava todos os dias uma hora caçando moscas. Afastou

---

(3) *Ibid.*, 12, 2.

o Evangelista da comunidade dos fiéis de Éfeso e desterrou-o para a ilha perdida de Patmos. Foi um episódio tão doloroso como providencial, porque "na ilha de Patmos, pelo testemunho que havia dado de Jesus", João recebeu a grande revelação do Apocalipse.

O Apocalipse no seu tempo

Escrito naquela providencial solidão, o Apocalipse — pela própria experiência da perseguição que o seu autor sofreu pelo nome de Cristo: "Eu, João, vosso irmão e companheiro nas tribulações"[4] — é o livro mais consolador do Novo Testamento. João dedicou-o, antes de mais nada, às Igrejas do seu tempo, que estavam tão necessitadas

---

(4) Ap 1, 9.

de alento e consolo como de exortações e conselhos.

A jovem Igreja de fins do século I encontrava-se no meio de uma grande tormenta. A perseguição do imperador, a má vontade dos gentios, o ódio dos judeus conspiravam contra ela e — o que ainda era mais perigoso — nas suas próprias fileiras surgiam os vícios e as heresias. O próprio Livro Sagrado mostra a profundidade do desânimo e cansaço dos bons:

> As almas dos homens que estavam debaixo do altar imolados por causa da palavra de Deus e por causa do testemunho de que eram depositários, clamavam em alta voz, dizendo: "Até quando tu, que és o Senhor, o Santo e o Verdadeiro, ficarás sem fazer justiça e sem

vingar o nosso sangue contra os habitantes da terra?"[5]

João eleva o ânimo abatido dos seus irmãos, descerra o véu do futuro iminente e leva a enxergar a vitória de Cristo sobre o Império todo-poderoso dos romanos. Por isso, o Apocalipse está cheio de imagens tiradas do mundo romano do seu tempo. Os contemporâneos pensariam na Roma construída sobre as sete colinas, quando lessem aquelas palavras de João:

> Vi então levantar-se do mar uma fera que tinha dez chifres e sete cabeças; trazia sobre os chifres dez diademas, e nas cabeças nomes blasfemos [...]. Deu-lhe o Dragão o seu poder, o seu trono e grande

---

(5) Ap 6, 10.

autoridade [...]. Todo o mundo seguia a fera e a adorava".[6]

Também não era difícil para as comunidades cristãs adivinhar o que João entendia pela "segunda fera": "Tinha dois chifres como um cordeiro, mas falava como um dragão. Exercia todo o poder da primeira fera, sob a vigilância desta, e fez com que a terra e os seus habitantes adorassem a primeira fera".[7] A primeira fera representava o culto idolátrico do imperador romano, vértice e cume de Roma, inspirado no Oriente e erigido em religião de Estado.

Do mesmo modo, a comparação com Roma — "a grande Babilônia, mãe da prostituição e das abominações da terra,

---

(6) Ap 13, 1-8; 17, 9-11.

(7) Ap 13, 11ss.

que se assenta sobre as águas, que reina sobre os reis da terra" — era conhecida pelos cristãos, pois Pedro deu esse mesmo nome na sua carta à capital do Império.[8]

Mas o olhar do vidente eleva-se do futuro próximo aos espaços profundos de toda a história da Igreja. O destino de todos os séculos cristãos está representado e compendiado nas amarguras e tribulações daquelas sete cristandades da Ásia Menor. A luta que a Igreja nascente teve de travar contra o Império romano simboliza a eterna luta que o dragão e as suas duas feras travarão contra a Igreja durante os "mil anos" que passarão entre a primeira e a segunda vinda de Cristo.

O Dragão enfureceu-se contra a mulher e foi fazer guerra ao resto da

---

(8) Ap 17, 1-18 e ss.; 1 Pd 5, 13.

sua descendência, aos que guardam os mandamentos de Deus e mantêm com firmeza o testemunho de Jesus.[9]

Muito provavelmente, esses "mil anos" representam toda a história da Igreja, embora o texto admita mais de uma interpretação.

O Apocalipse e as realidades últimas

Quanto à interpretação mais ampla, relativa à História universal, do resto destas passagens, temos de contentar-nos com a visão de João: o demônio tramará sempre a luta contra o Reino de Deus; os dois animais — que, não sem motivo, foram identificados com o Estado e a ciência ateus — estarão por todos os séculos a serviço do dragão. Mas todos

---

(9) Ap 12, 13-17.

aqueles que não tragam nas mãos e na fronte o sinal da fera "reinarão com Cristo por mil anos".[10]

O Apocalipse é, portanto, como que uma grande ampliação e um vasto comentário às palavras de Jesus a Pedro: "As portas do inferno não prevalecerão contra ela". Com o seu escrito, o último Apóstolo anima e consola todos os cristãos que, no decorrer dos séculos, terão de sofrer tantas tribulações até a segunda vinda de Cristo.

Ao falar desses "últimos tempos", as palavras com que João descreverá o desfecho final serão das mais impressionantes ou terríveis:

> Quando se tiverem completado os mil anos, Satanás será solto da prisão

---

(10) Ap 20, 4ss.

e sairá dela para seduzir as nações dos quatro cantos da terra e reuni-las para o combate. [Estas] serão numerosas como a areia do mar. Cercaram o acampamento dos santos e a cidade amada, mas desceu um fogo dos céus e as devorou. O demônio, sedutor delas, foi lançado num lago de fogo e de enxofre, onde já estavam a fera e o falso profeta".[11]

Uma interpretação ingênua, baseada no título Apocalipse ("Revelação"), sugere que os dados do livro se referem a uma época determinada, ou seja, aos dias em que foi escrito. Mas alguns comentaristas repletos de fantasias quiseram encontrar nas suas páginas cheias de mistério episódios particulares ou alusões a certos

---

(11) Ap 20, 7ss.

períodos da história da Igreja, ou então informações concretas sobre o futuro.

Por outro lado, não se faria justiça a esse livro profético — o único dessa espécie no Novo Testamento — se nele não se quisesse ver senão a descrição da luta entre Cristo e Satanás. João não quer só alertar, prevenir e defender, mas também oferecer uma revelação positiva e real à cristandade perseguida do seu tempo e à geração terrivelmente provada do fim dos tempos. Numa linguagem que lembra muito a de Daniel e Ezequiel, grandes profetas do Antigo Testamento, mas com imagens nunca antes ouvidas e que levantam o ânimo, João dirige-se à sua geração, à última geração e a todas as gerações cristãs, para lhes falar "das coisas que vi, tanto as que são como as que devem acontecer".[12]

---

(12) Ap 1, 10.

O consolo oferecido pelo Apocalipse não está em negar ou dissimular a tragédia do destino humano. Pelo contrário, nenhum livro no mundo descreve tão implacavelmente as calamidades que se abatem e continuarão a abater-se sobre a humanidade: abrir-se-ão sobre ela os sete selos do terror — "Ai, ai, ai dos habitantes da terra, por causa dos sons da trombeta"[13] —; sobre ela serão derramados os sete vasos da ira; e, mais terrível ainda: "O próprio demônio desceu a vós, cheio de grande ira, sabendo que lhe resta pouco tempo. Ó terra e mar, cuidado!"[14]

João não se deleita descrevendo doces idílios ou fantasias vagas, mas mostra o terrível desmoronar de todas as realidades do mundo. Até mesmo o "Templo" será

---

(13) Ap 8, 13.
(14) Ap 12, 12.

entregue aos gentios, que hão de calcar aos pés a Cidade Santa, e só a vida cristã que palpita no seu interior ficará incólume e se verá livre dos ataques criminosos.[15]

O Apocalipse e as realidades eternas

Do livro do Apocalipse brota, porém, uma irreprimível fonte de otimismo. Porque, por cima de todas as calamidades da terra, resplandece o Trono de Deus em toda a sua infinita majestade. Balbuciando e acolhendo-se às palavras dos antigos profetas, o Vidente solitário de Patmos fala dAquele a quem nenhum olho viu nem ouvido humano algum ouviu:

> Imediatamente, fui arrebatado em espírito: vi no céu um trono e nesse trono estava sentado um Ser. E quem

---

(15) Ap 11, 1ss.

estava sentado assemelhava-se a uma pedra de jaspe e de sardônica. Um arco-íris, semelhante à esmeralda, nimbava o trono. Ao redor, havia vinte e quatro tronos, e neles, sentados, vinte e quatro anciãos vestidos de túnicas brancas e com coroas de ouro na cabeça. Do trono saíam relâmpagos, vozes e trovões. Diante do trono, ardiam sete tochas de fogo, que são os sete espíritos de Deus. Havia ainda diante do trono um mar límpido como cristal. No meio do trono e ao redor, quatro Animais vivos cheios de olhos na frente e atrás [...]. Não cessavam de clamar dia e noite: "Santo, Santo, Santo, é o Senhor Deus Onipotente, o que é, o que era e o que há de vir".[16]

---

(16) Ap 4, 2-11. As pedras preciosas representam a beleza de Deus; o "arco-íris", a sua misericórdia,

João contemplou essa visão resplandecente antes de se terem iniciado as calamidades. Os terríveis acontecimentos

---

pois alude a Gn 9, 11-17 e à promessa divina de não voltar a destruir a humanidade pelo dilúvio; os "relâmpagos, vozes e trovões" à sua majestade. Os "vinte e quatro anciãos", provavelmente homens santos (de "túnicas brancas") cujo número é o dos Apóstolos somado ao das doze tribos de Israel (representam provavelmente os santos do Antigo e do Novo Testamento), compartilham do seu poder (usam "coroas"). A disposição geral recorda o Templo de Salomão, em Jerusalém: há "sete tochas" (como as do candelabro do Templo de Salomão, que João por sua vez refere explicitamente aos dons do Espírito Santo) e um "mar de cristal" (que substitui o "mar de bronze", uma enorme pia com água para as purificações), que no Templo original ficavam na parte denominada "Santo", junto do altar dos sacrifícios; João parece esboçar aqui uma analogia entre o Templo e o Céu, que refletiria uma analogia entre a liturgia terrena e a celestial. A imagem dos "quatro seres" cheios de olhos (para expressar a sua inteligência) alude a Ez 1, 10, que descreve assim os anjos do "carro de Javé", imagem do governo de Deus sobre todo o Universo. [N. T.]

que se darão no mundo serão iluminados por essa luz. Deus, criador e Senhor único do mundo, senta-se silenciosamente no seu Trono, à espera, apesar de tudo e acima de tudo.

Mais ainda, Deus não se compraz na longínqua e solitária felicidade do céu, desinteressando-se dos acontecimentos da terra. Ele não está sozinho acima de tudo, mas está presente em tudo o que acontece. Ele confiou ao Cordeiro os sete selos fechados, as sete trombetas e os sete vasos da ira:

> Então vi no meio do trono, dos quatro Animais e no meio dos anciãos, um Cordeiro de pé, como que imolado. Tinha sete chifres e sete olhos (que são os sete espíritos de Deus enviados por toda a terra). Aproximou-se e recebeu o livro da mão direita daquele

que estava sentado no trono. Quando recebeu o livro, os quatro Animais e os vinte e quatro anciãos prostraram-se diante do Cordeiro, tendo cada um uma cítara e taças de ouro cheias de perfume (que são as orações dos santos). Cantavam um cântico novo dizendo: "Tu és digno de receber o livro e de abrir-lhe os selos, porque foste imolado e nos compraste para Deus ao preço do teu sangue".[17]

---

(17) Ap 5, 6-14. O Cordeiro imolado e triunfante (está "de pé", ressuscitado; os seus "sete chifres" indicam que tem a plenitude do poder, e os "sete olhos" a plenitude da sabedoria) é, como sabemos, Cristo, que no "Templo celestial" ocupa o lugar do altar (desnecessário, porque o seu sacrifício é definitivo e se estende a todos os tempos e lugares). O "livro" representa o desígnio de Deus sobre a humanidade, o seu conhecimento pleno e orientador da História, e é ao Cordeiro que cabe abri-lo para o levar ao seu cumprimento. Por isso, merece a adoração dos anjos e dos santos. [N. T.]

A imagem de Cristo no Apocalipse é a mais grandiosa de todo o Novo Testamento; possui um brilho superior ao do próprio quarto Evangelho e fornece-nos uma prova interna da autenticidade desse Evangelho, do qual nos ocuparemos daqui a pouco. No quarto Evangelho, João descreve as revelações de Jesus de uma maneira profunda, mas contempladas "do lado de cá"; já o Apocalipse contempla Jesus "à luz da eternidade":

> Vi sete candelabros de ouro e, no meio dos candelabros, alguém semelhante a um Filho do homem, vestido com uma longa túnica até aos pés, cingido o peito por um cinto de ouro. Tinha a cabeça e os cabelos brancos como lã cor de neve. Os seus olhos eram como chamas de fogo. Os seus pés pareciam-se com o bronze fino

incandescente na fornalha. A sua voz era como o ruído de muitas águas. Segurava na mão direita sete estrelas. Da sua boca saía uma espada afiada, de dois gumes, e o seu rosto brilhava como o sol.[18]

Esse Jesus vencerá o demônio; o Cordeiro vencerá o dragão. O Apocalipse faz

---

(18) Ap 1, 13ss. Nesta visão, os candelabros aludem novamente ao candelabro de sete braços do Templo de Jerusalém; representam provavelmente as "sete Igrejas" às quais se dirige a primeira parte do Apocalipse, que por sua vez significam a Igreja universal. Os traços sob os quais o Senhor é representado exprimem os seus atributos: a túnica, o sacerdócio; o cinto de ouro, a realeza; os cabelos brancos, a eternidade; os olhos ardentes, a ciência divina; os pés de bronze, a estabilidade; e a espada, a força da sua palavra. A incandescência alude às aparições de Deus, "fogo devorador" (Dt 4, 24 e outras) e à sarça ardente do Sinai (cf. Ex 3, 2). Por fim, as sete estrelas que Cristo tem na mão voltam a significar as sete Igrejas, governadas por Ele. [N. T.]

ressoar, depois de todos os horrores da história, o Aleluia vitorioso dos céus. Cairá a grande Babilônia — a Roma de Nero e Domiciano —, e o próprio Satanás será reprimido e posto a ferros durante os mil anos da história cristã; e quando sair para o seu último e mais terrível combate, será para cair definitivamente: "Será lançado ao tanque do fogo e do enxofre, onde se encontram também a besta e o falso profeta, e serão atormentados dia e noite por toda a eternidade".[19]

O Apocalipse e o céu

O olhar extático do Vidente eleva-se agora a "um novo céu e uma nova terra", onde após tanta amargura nos espera uma felicidade tão grande. Ninguém como João escreveu sobre o céu com

---

(19) Ap 20, 10.

palavras tão belas, nos dois últimos capítulos do seu Apocalipse:

> O primeiro céu e a primeira terra desapareceram e o mar já não existe. Vi descer do céu, de junto de Deus, a cidade santa, a nova Jerusalém, como uma esposa ataviada para o esposo. E ouvi uma grande voz que vinha do Trono e dizia: "Esta é a morada de Deus com os homens. Habitará com eles e eles serão o seu povo, e o próprio Deus estará com eles. Enxugará todas as lágrimas dos seus olhos, e já não haverá morte, nem luto, nem lamentos, nem dor, porque a primeira condição passou". E aquele que estava sentado no Trono disse: "Eis que eu renovo todas as coisas".[20]

---

(20) Ap 21.

Este é o consolo que nos oferece o Apocalipse, esse último livro do Novo Testamento cheio de mistérios. Mostra-nos a Providência divina a acompanhar a cristandade na sua peregrinação ao longo dos séculos, ao encontro de Cristo na sua segunda vinda. Deus estará sempre por cima de todas as perseguições, tentações e crimes cometidos contra a Igreja.

Nem o dragão nem a besta podem nada fora dos limites que Deus lhes fixou e que estão previstos e incluídos nos seus planos impenetráveis e altíssimos. E, ainda que neste mundo se encontrem misturados o bem e o mal, o olhar de Deus vela particularmente pelos que lhe são fiéis: "Não danifiqueis a terra, nem o mar, nem as árvores, até que tenhamos marcado com um sinal a fronte dos servos do nosso Deus".[21]

---

(21) Ap 7, 3.

Nós, nestes tempos apocalípticos, em que talvez se possa pensar que realmente Satanás foi solto da sua prisão para tentar os povos pelos quatro cantos da terra e reuni-los para uma imensa batalha,[22] devemos caminhar pelo solo firme e consolador deste livro através da malícia e perversidade que nos rodeia. Foi para nós, tanto como para aquelas cristandades perseguidas da Ásia Menor, que foram escritas estas palavras:

> Não seles as palavras proféticas deste livro, porque o tempo está próximo. Que o injusto continue a cometer as suas injustiças e o impuro a encher-se de impurezas. Mas o justo pratique a justiça e o santo santifique-se ainda mais. Eis que venho em breve e trago comigo a

---

(22) Ap 20, 7.

minha recompensa, para dar a cada um segundo as suas obras.[23]

---

(23) Ap 22, 10.

O EVANGELISTA

Obra digna de eterna gratidão

Todos os desterros chegam ao seu fim. Logo que Nerva começou a governar o império, revogou as cruéis disposições do seu predecessor Domiciano e João pôde voltar da sua ilha solitária de Patmos para o calor do rebanho em Éfeso. Muito em breve retornaria também à casa do Pai: "Vem, Senhor Jesus!" Mas ainda lhe restava realizar a obra mais alta e clara que, como um fogo aceso no cume mais elevado, iluminaria todas as gerações cristãs por vir: o seu Evangelho.

A lenda das *Atas de São João* descreve de maneira dramática a hora em que João teria começado a escrever o seu Evangelho: entre raios e trovões e o tremor das montanhas, numa cena cujas cores patéticas hoje nos fazem sorrir.

O discípulo Prochoros caiu semi-morto no chão. João tomou-o pela mão, levantou-o e fê-lo sentar-se à sua direita. Depois fez oração, abriu os lábios e, pondo o olhar nos céus, exclamou: *No princípio era o Verbo...* João falava de pé, Prochoros escrevia sentado, e assim ficaram por seis dias e seis horas.

O que sem dúvida vale a pena reter aqui é que, na redação do seu Evangelho, João, um ancião de cabelos brancos e enfraquecido, muito provavelmente se terá valido de um amanuense, como era costume na época, e talvez de outros colaboradores.

Um antiquíssimo documento, o chamado *Fragmento de Muratori*, de fins do século II, afirma que o Apóstolo escreveu o seu Evangelho a instâncias dos seus discípulos e dos bispos.[1] Assim o afirmam também outros antigos escritores eclesiásticos como Ireneu († 202), Clemente de Alexandria († 214), Tertuliano († 240), Orígenes († 254) e o compilador da tradição eclesiástica acerca das Sagradas Escrituras, Jerônimo († 420):

> João, o Apóstolo predileto de Jesus, o filho de Zebedeu, o irmão do Apóstolo Tiago decapitado por Herodes

---

[1] *Fragmento de Muratori*, 9-10.

depois da morte do Senhor, sendo já o único sobrevivente do Colégio Apostólico, escreveu o seu Evangelho a pedido dos bispos da Ásia.[2]

Aqueles nossos primeiros irmãos na fé fizeram uma obra digna de eterna gratidão. Já existiam outros três Evangelhos, os de Mateus, Marcos e Lucas, e João conhecia a veracidade desses relatos. Uma antiga tradição oriental recolhida pelo bispo nestoriano Isodad de Merv (s. IX) afirma:

> Os irmãos, acreditando que o testemunho de João era mais seguro que o de qualquer outro, por ele se ter relacionado com o Senhor desde o princípio, levaram-lhe os outros

---

(2) São Jerônimo, *Sobre os homens ilustres* 9.

três Evangelhos para que os interpretasse e comentasse. Ele louvou a veracidade dos escritores e disse que tinham escrito sob a graça do Espírito.

Mas o próprio João sabia melhor do que ninguém que ainda eram tantíssimas as coisas que havia a dizer de Jesus "que nem o mundo inteiro poderia conter os livros que se deveriam escrever".[3] A perfeição de Cristo é tão grande que todos eles não seriam suficientes para esgotar o tema. Tudo quanto se possa dizer, escrever e cantar sobre Ele — "sê tão ousado quanto puderes, pois [Cristo] é maior que todo o louvor e nunca conseguirás louvá-lo o suficiente"[4] — não passa de

---

(3) Jo 21, 25.
(4) São Tomás de Aquino, Hino *Lauda Sion*.

uma pobre concha de água na imensidade de um mar.

O Evangelho da divindade de Cristo

Também João enche a sua concha de Cristo. A tudo o que fora dito sobre o Senhor, acrescentará as suas próprias palavras, as últimas e as mais elevadas, que ressoarão vibrantes no silêncio dos séculos com o júbilo dos sinos no entardecer das vésperas dos dias festivos. João, o extenuado cantor das glórias de Jesus, levanta-se, esquece a sua fraqueza e a sua idade, e, afinando as cordas da sua harpa, começa num tom sublime e profundo: "No princípio era o Verbo, e o Verbo estava junto de Deus, e o Verbo era Deus".

E, no fim do seu Evangelho, reafirma o sentido do mesmo com estas palavras:

"Mas este foi escrito para que creiais que Jesus é o Cristo, o Filho de Deus, e para que, crendo, tenhais a vida em seu nome".[5] Com esta última advertência, o Evangelista quis rejeitar as heresias que começavam a surgir: sobretudo a de Cerinto, que apresentava Cristo como uma mistura de homem e anjo; a dos gnósticos, que considerava intrinsecamente mau todo o mundo criado; e a dos discípulos de João Batista, que consideravam o Batista superior ao próprio Cristo e tinham peso em Éfeso.[6]

Aquele que, na sua juventude junto às margens do Jordão, fora discípulo do Batista, repetia o testemunho humilde do Precursor aos seus discípulos dominados pela cegueira: "Ele fez esta

---

(5) Jo 20, 31.

(6) At 19, 1-6.

declaração, que confirmou sem hesitar: «Eu não sou o Cristo, mas fui enviado adiante dele [...]. Importa que Ele cresça e que eu diminua».[7] Porém, o que caracteriza o Evangelho de João não é a controvérsia, mas a exposição simples e chã da verdade, pois o ardoroso Boanerges aprendera, depois de muitos anos, que a melhor maneira de refutar o erro é a exposição clara e luminosa da verdade.

Quando penetramos no santuário do Evangelho de São João, temos a mesma impressão de reverência que quando entramos numa grande catedral onde está exposto o Santíssimo Sacramento, e onde brilha o resplendor das velas, e ressoa jubiloso o *Tantum ergo* — "Veneremos profundamente inclinados tão grande mistério!" Este é o tema próprio

---

(7) Jo 1, 19; 3, 27-29.

do Evangelho de São João: Aquele que foi gerado antes de todos os tempos pelo Pai, que é o Filho consubstancial de Deus, o seu Unigênito, que descansa no coração do Pai, que foi enviado por Deus ao mundo, não para condená-lo, mas para salvá-lo.[8]

Os mistérios mais profundos do cristianismo — a Trindade divina, o destino do homem, a Redenção — brotam resplandecentes das palavras do quarto Evangelista. O Prólogo, majestoso pórtico do seu Evangelho, antecipa-nos o que será a contemplação desse santuário: "O Verbo que era no princípio, que estava em Deus e que era o próprio Deus, fez-se carne e habitou entre nós. E nós vimos a sua glória, a glória do Unigênito do Pai. E da sua plenitude todos

---

(8) Jo 1; 3, 16ss.

recebemos graça sobre graça".[9] O que, nos outros Evangelhos, encontramos no fim do caminho, depois dos milagres, da ressurreição e da ascensão, brilha em João como um sol do meio-dia já nas primeiras páginas do seu livro.

Diferenças com os sinóticos

O Evangelho de João é muito diferente dos outros três Evangelhos, chamados sinóticos, no próprio marco externo da vida de Jesus. Mateus, Marcos e Lucas relatam o ministério de Jesus entre o povo simples da Galileia e a pregação do Reino de Deus. João apresenta Jesus sob um outro ângulo, na Cidade Santa de Jerusalém, frente a frente com os príncipes do povo, seus inimigos.

---

(9) Jo 1.

A primeira parte — capítulos 1, 19 a 4, 54 — narra os começos da vida pública de Jesus: testemunhos do Batista e dos discípulos, o milagre de Caná, a purificação do Templo, a conversa com Nicodemos e com a samaritana, a cura do filho do oficial.

A segunda parte — capítulos 5, 1 a 12, 50 — desenvolve a revelação de Jesus por meio dos seus milagres e discursos: a cura do paralítico na piscina de Betsaida, a multiplicação dos pães, a caminhada sobre as águas, a cura do cego de nascença, a ressurreição de Lázaro; os discursos de Jesus sobre a sua consubstancialidade com o Pai e sobre a Eucaristia; os discursos na festa dos Tabernáculos e na dedicação do Templo.

A terceira — capítulos 13, 1 a 20, 51 — relata o final da doutrina e do amor de Jesus: o lava-pés, as palavras de despedida, a oração sacerdotal, a Paixão, Morte e Ressurreição. Além do relato da Paixão, o Evangelho de São João tem somente quatro pontos em comum com os sinóticos: a multiplicação dos pães, a caminhada sobre as águas, a unção de Betânia e a entrada em Jerusalém no Domingo de Ramos. O relato desenvolve-se em torno das cinco viagens de Jesus a Jerusalém; e os sete milagres que ali se narram emergem das palavras de Cristo como os montes sobre um mar profundo e azul.

Não é menor a diferença entre o Evangelho de João e os sinóticos no que diz respeito ao retrato íntimo do Senhor. Nos três primeiros Evangelhos, Jesus aparece como o pregador afetuoso e simples do povo, cheio de compaixão pelas suas necessidades e dificuldades, e que Ele vai conduzindo passo a passo para os cumes da fé. O Jesus do Evangelho de São João, ao contrário, é o Filho majestoso de Deus, anterior ao mundo, superior a tudo o que foi criado e semelhante ao Pai. Lembra-nos essas imagens bizantinas de Cristo, hieráticas e solenes, em que Ele é representado como Senhor todo-poderoso e Príncipe dos Príncipes, o *Pantocrátor*.

Não é que João esqueça ou nada fale da humanidade de Jesus no seu Evangelho. É precisamente aqui que se encontram, como resposta às fantasias gnósticas de um corpo não mais que aparente, traços surpreendentes de como o Senhor foi humano: sentou-se fatigado do caminho à beira do poço de Jacó; chorou diante do sepulcro de Lázaro; procurou consolo no amor de João; sentiu-se aflito ante o pensamento da morte. Mas através dessa sua humanidade, brilha, como que através de uma densa nuvem, o resplendor da sua divindade.

Também os seus discursos são mais solenes, mais profundos, mais extensos que nos sinóticos. "Em verdade, em verdade vos digo..." Se se compara o Sermão da Montanha em Mateus com as palavras de Jesus na festa dos Tabernáculos em João, nota-se facilmente esta diferença, que é como a que existe entre uma fonte cantante e ligeira e um rio caudaloso, profundo e lento.

Os incrédulos basearam-se nessa diferença contida no Evangelho de São João para negar a sua autenticidade. A luta em torno do Evangelho de São João transformou-se numa luta em torno da divindade do próprio Cristo. Os Padres da Igreja repararam nessa diferença entre João e os sinóticos, sem que isso os induzisse em erro. O Evangelho de São João é chamado por eles *pneumático* ("espiritual"), em oposição ao *somático* ("corporal") dos sinóticos. É louvado como "flor e selo do Evangelho", como "coluna da Igreja".[10]

O mais belo testemunho é, sem dúvida, o de Orígenes: "Podemos dizer que os Evangelhos são os primogênitos de toda a Sagrada Escritura, mas o Evangelho de São João é o primogênito dos Evangelhos. É tão elevado que só podia tê-lo escrito quem descansou sobre o coração de Jesus e dEle recebeu a herança sagrada de Maria".[11]

O quarto Evangelho

A diferença do Evangelho de São João relativamente aos outros três —

---

(10) Eusébio de Cesareia, *História Eclesiástica* 6, 14.

(11) Orígenes, *Sobre João* 1, 6.

diferença que não quer dizer oposição — não é, na realidade, um problema insolúvel. Em contrapartida, para os incrédulos, é mais insolúvel o problema de saber como se pôde introduzir na Igreja, na primeira metade do século II, um Evangelho tão diferente dos primeiros.[12]

Quando João, já muito idoso, começou a escrever a sua narrativa, não queria limitar-se a repetir ou conciliar as narrações primitivas. Embora tivesse à vista os primeiros Evangelhos, só tomou dos sinóticos algumas passagens breves da vida de Jesus, as que se referem ao seu ministério em Jerusalém.

É por este motivo que o quarto Evangelho não podia deixar de ser diferente

---

(12) Uma explicação aprofundada sobre o quarto Evangelho encontra-se no livro de Bento XVI, *Jesus de Nazaré*, Ed. Planeta, São Paulo, 2007, pp. 193-208.

dos outros, mesmo no seu ambiente externo. Este ambiente externo — a cidade presunçosa, o círculo arrogante dos príncipes, o grupo dos escribas e doutores — explica também a diferente conduta íntima de Jesus. No meio da população simples da Galileia, Jesus podia apresentar-se como o Salvador misericordioso que procura introduzir-se no coração da multidão com os seus milagres cheios de amor e com as suas pregações cheias de imagens populares e de uma poesia encantadora. Mas em Jerusalém, no meio do ambiente orgulhoso dos teólogos, teve que defender desde o começo a sua própria essência e a sua missão messiânica.

Existe uma segunda razão: os primeiros Evangelistas apresentaram os mistérios profundos do Senhor a uma cristandade ainda na idade da infância.

Limitavam-se a contar os episódios históricos da vida de Jesus de um modo factual, sem lhes conferir profundidade teológica. O próprio Paulo lamenta o estado infantil em que se encontrava a cristandade de Corinto: "A vós, irmãos, não vos pude falar como a homens espirituais, mas como a carnais, como a criancinhas em Cristo. Dei-vos a beber leite, e não alimento sólido, que ainda não podíeis suportar".[13] João, em fins do século I, achava-se, felizmente, numa situação mais espiritual. A sua Igreja já tinha passado pela fase infantil e já estava madura para a perfeição de Cristo.

Não é que João revele novas verdades diferentes das anunciadas pelos sinóticos. O quarto Evangelho não acrescenta nenhuma verdade diferente

---

(13) 1 Cr 3, 1ss.

das fundamentais que foram anunciadas pelos primeiros Evangelistas. Já nos sinóticos vemos algumas passagens sobre a Pessoa de Cristo que foram com razão chamadas "joaninas", como esta: "Todas as coisas me foram dadas por meu Pai, e ninguém conhece o Filho senão o Pai, e ninguém conhece o Pai senão o Filho e aquele a quem o Filho quiser revelá-lo".[14]

Além disso, os sinóticos também narram o ministério de Jesus em Jerusalém. Mateus e Lucas descrevem aquelas estremecedoras queixas que o Senhor dirige à cidade: "Jerusalém, Jerusalém, quantas vezes eu quis reunir os teus filhos como a galinha reúne os seus pintinhos debaixo das asas!"[15]

---

(14) Mt 11, 27.
(15) Mt 23, 37; Lc 13, 14.

Nem os sinóticos se opõem a João nem João nega os sinóticos. Ambos se completam. Tudo o que os primeiros Evangelistas mencionaram sumariamente acerca de Jesus encontra em João uma ressonância mais solene e um horizonte mais profundo.

Testemunho vivo

Podemos dizer que, ao longo de tantas décadas, João se foi aprofundando cada vez mais nos mistérios de Cristo. Porque em Cristo nunca se aprofunda o bastante: estamos nEle e sempre caminhando para Ele; podemos alcançá-lo, mas não abarcá-lo.

No Evangelho de São João, junto à vida de Jesus, palpita a experiência religiosa do Evangelista. As palavras e as obras do Senhor convertem-se em propriedade espiritual do discípulo do amor, que, depois de enriquecê-las com considerações de sabedoria e com o amor do seu coração, as entrega à cristandade. Aquele que era o amigo do Senhor tornou próprios os pensamentos de Cristo e até mesmo as suas palavras, e devolveu-os com a liberdade que a amizade lhe permitia. Onde se teriam podido modelar mais fielmente as ideias e as palavras do Senhor do que no coração do seu amigo João?

É interessante notar que João, na sua primeira Carta, que é como que um apêndice do seu Evangelho, testemunha solenemente a veracidade das suas palavras: "O que era desde o princípio, o que ouvimos, o que vimos com os nossos olhos, o que contemplamos e as nossas mãos apalparam no tocante ao Verbo da vida — porque a vida se manifestou e nós a vimos e dela damos testemunho, e vos anunciamos a vida eterna que estava no Pai e que se nos manifestou —, o que vimos e ouvimos, nós vo-lo anunciamos, para que também vós tenhais comunhão conosco".[16]

Efetivamente, basta um rápido olhar dirigido ao quarto Evangelho para que o leitor menos preparado se aperceba da resplandecente lealdade do Evangelista na exposição escrupulosa dos menores detalhes da vida de Jesus. Leiamos, por exemplo, o relato da vocação dos primeiros discípulos, da cura do cego de nascença, da ressurreição de Lázaro.[17]

Mais surpreendente é que em todo esse Evangelho não se mencione uma só vez o Evangelista São João, nem o seu

---

(16) 1 Jo 1, 1-3.
(17) Jo 1, 35ss.; 9, 11.

irmão Tiago, nem os seus pais, quando, pelo contrário, os outros Evangelhos ressaltam com frequência o lugar que os dois irmãos ocupavam no Colégio Apostólico. Como já vimos, quando tem de falar de si mesmo, João apresenta-se sempre anonimamente com expressões como estas: "outro discípulo...", "o discípulo a quem Jesus amava".[18] Só se entende esse silêncio em torno de um dos Apóstolos mais importantes se o Evangelista for o próprio Apóstolo João; só desse modo se entende que omita propositadamente a sua posição e o seu nome.

Os anciãos de Éfeso acrescentaram a seguinte conclusão ao Evangelho de São João: "Este é o discípulo que dá testemunho destas coisas e as escreveu.

---

(18) Jo 1, 37, 40; 13, 23-25.

E nós sabemos que o seu testemunho é verdadeiro".[19] Nós, que lemos as suas páginas depois de vinte séculos, sabemo-lo e cremo-lo com eles.

A Igreja levanta-se reverentemente para ouvir a leitura dos Evangelhos e beija esses Livros Sagrados como o seu tesouro mais precioso. Dobra o joelho ante as palavras de São João: "O Verbo se fez carne..."[20] Agradeçamos à Providência divina que, por intermédio de João, tenha fornecido à humanidade esta última e preciosa revelação. Aplaquemos a nossa sede de Deus com esta água sagrada, que flui das geleiras mais altas — porque, se a vida religiosa de muitos homens se debilita e

---

(19) Jo 21, 24.

(20) No rito tridentino, lê-se no final da missa o prólogo do Evangelho de São João. [N. T.]

empobrece, é porque tiram as suas águas de poços insípidos.

João considerou a Igreja dos últimos anos do século I suficientemente madura para a plenitude de Cristo. Oxalá nós também nos encontremos amadurecidos para este dom altíssimo que o ancião João nos oferece com as suas mãos trêmulas, a fim de que também nós possamos receber da plenitude de Cristo graça sobre graça.

O PASTOR

É do escritor eclesiástico Orígenes esta belíssima frase: "João levantou a trombeta para cantar, não uma, mas três vezes, por meio das suas cartas".

A primeira, escrita sob a forma de exortação piedosa ou pregação, é uma carta dirigida às Igrejas da Ásia Menor e considerada pelos escritores mais antigos como um apêndice do Evangelho. A segunda dirige-se a este belo destinatário: "À senhora Eleita e aos seus filhos", palavras com que João se dirige a uma Igreja que não pôde ser identificada. E o destinatário da terceira é o amado Gaio, membro ilustre da comunidade à qual se dirige a segunda carta.

As Cartas de João são as mais comoventes de todas as suas obras. Comovem-nos porque nelas o ancião rompe o seu silêncio. Aquela mão venerável mal podia fazer deslizar a pena e, na segunda e na terceira cartas, limita-se a estampar sobre o pergaminho treze a quinze versículos. Falta nelas o brilho de novos pensamentos. Apagava-se o vulcão de onde brotara o Apocalipse, o coração de onde nascera o Evangelho. Os pensamentos e as imagens são os do Evangelho: repetem-se as referências à luz e às trevas, ao erro e à verdade, ao amor e ao ódio, à vida e à morte. O ancião João vai buscar ao seu Evangelho as mesmas expressões e, às vezes, até frases inteiras. Aquele que foi uma Águia esquece-se do que disse e repete-se, da mesma forma que os anciãos costumam esquecer e repetir-se:

Pais, eu vos escrevo porque conhecestes aquele que existe desde o princípio. Jovens, eu vos escrevo porque vencestes o Maligno. Crianças, eu vos escrevo porque conhecestes o Pai. — Pais, eu vos escrevi porque conhecestes aquele que existe desde o princípio. Jovens, eu vos escrevi porque sois fortes, e a palavra de Deus permanece em vós, e vencestes o Maligno.[1]

Apesar de debilitado fisicamente, João pôs-se a escrever essas cartas porque o amor e a solicitude pelos seus filhos não o deixavam descansar. Via-os acossados pela tentação vinda do mundo e pelo erro e divisão vindos das suas próprias fileiras. Com o rosto iluminado

---

(1) 1 Jo 2, 13ss.

como o de um patriarca pela aurora da eternidade, João dá-lhes os seus últimos conselhos e exortações: a fé no Senhor e o amor a Deus e, por Deus, aos irmãos.

> Todo aquele que crê que Jesus é o Cristo, esse nasceu de Deus, e todo aquele que ama quem o gerou, ama também aquele que dele foi gerado. Se alguém disser: "Amo a Deus", mas odiar o seu irmão, é um mentiroso; porque aquele que não ama o seu irmão, a quem vê, é incapaz de amar a Deus, a quem não vê. Temos de Deus este mandamento: aquele que ama a Deus, ame também o seu irmão.[2]

Não se pode dar uma imagem mais impressionante de João que a que se

---

(2) 1 Jo 5, 1; 4, 20.

reflete nestas últimas linhas tiradas das suas cartas. O Vidente de Patmos, que previu os gigantescos episódios da história do mundo, nunca esquece os seus filhos atacados pela tríplice concupiscência: "a concupiscência dos olhos, a concupiscência da carne e a soberba da vida".[3]

O Evangelista que tinha penetrado no resplendor do Verbo eterno confessa: "Não tenho maior alegria do que ouvir dizer que os meus filhos caminham na verdade".[4] Clemente de Alexandria completa essas considerações sobre o zelo pastoral de João com um episódio que se contava, na sua época (214 d. C.), do velho Apóstolo:

---

(3) 1 Jo 2, 16.
(4) 3 Jo 4.

Quando João, depois da morte do tirano, retornou da ilha de Patmos a Éfeso, visitou com grande zelo toda a região, estabelecendo bispos, organizando as comunidades e admitindo no clero os homens marcados pelo Espírito. Em certo lugar, encontrou um jovem de boa presença, nobres maneiras e coração ardente. João, pondo os olhos no bispo, disse-lhe: "Confio-te este jovem de todo o meu coração, tomando por testemunhas toda a comunidade e Cristo". O bispo acolheu esse jovem na sua casa, instruiu-o e, finalmente, conferiu-lhe o batismo. Mas depois afrouxou na solicitude com que o acompanhava.

Deixado demasiado cedo ao seu arbítrio, o jovem caiu na perniciosa companhia de rapazes da sua idade licenciosos e depravados. Como era de sangue quente, não tardou a desbocar-se como um corcel fogoso e meio selvagem. Formou com os seus colegas uma quadrilha de ladrões da qual ele, como o mais forte, sanguinário e libertino, se tornou capitão.

Passado algum tempo, João voltou àquela cidade e disse ao bispo: "E como vai aquele jovem?" O bispo respondeu: "Morreu para Deus". Então o Apóstolo rasgou as vestes, rompeu em soluços e, tal como estava, saiu da igreja pela cidade à procura do refúgio dos bandidos. Não temeu nem suplicou, mas gritou: "Levem-me à presença do vosso chefe". Quando este reconheceu João no homem recém-chegado, tratou de fugir. Mas João, esquecendo a sua idade, correu atrás dele, gritando: "Por que foges de mim, teu pai, um velho desarmado?

Compadece-te de mim, meu filho, não me tenhas medo! Ainda tens esperança de vida. Se for preciso, estou disposto a ir até à morte por ti, como o Senhor foi para ela por nós".

Quando o bandido escutou essas palavras, parou, baixando os olhos. Depôs as suas armas e começou a derramar lágrimas amargas. Abraçou o ancião, mas este caiu de joelhos diante dele e beijou-lhe a mão direita, em sinal de que tinha sido purificado pelo arrependimento. Depois levou novamente o jovem até à igreja.[5]

É uma ilustração talvez lendária, mas muito rica, das palavras do mesmo Apóstolo: "Se pecamos, Deus é maior

---

(5) Eusébio de Cesareia, *História Eclesiástica* 3, 23.

que o nosso coração".[6] Em todo o caso, é muito razoável que nos perguntemos qual é maior: o Vidente, a Águia ou o Pastor?

---

(6) Cf. 1 Jo 3, 20.

O SANTO

João morreu no reinado do imperador Trajano (95-117), provavelmente no ano 104, quando tinha perto de cem anos e haviam passado cerca de setenta anos desde a Ressurreição do Senhor. Como os patriarcas do Antigo Testamento, esse Patriarca da Cristandade recebeu o dom da longevidade, para desse modo servir de exemplo à jovem Igreja e fortalecê-la com a sua presença.

Essa longevidade, pouco habitual, deu pé a que muitos imaginassem que João não havia de morrer, tanto mais que corria entre os fiéis uma frase da qual deduziam que o próprio Jesus tinha prometido a imortalidade ao discípulo amado. Isso aconteceu quando Jesus predisse a Pedro que teria um fim sangrento, e Pedro, impelido pelo afeto que tinha por João, perguntou ao Senhor: "E o que acontecerá com este, Senhor?" O Senhor deu-lhe uma resposta contundente: "Que te importa, se eu quero que ele fique até que eu venha?"

Nos últimos anos da sua vida, João acrescentou um apêndice ao seu Evangelho para desfazer o rumor de que, com a misteriosa frase, o Senhor queria significar que ele permaneceria sem morrer: "Jesus, porém, não lhe disse que não morreria, mas: «Que te importa, se eu quero que ele fique até que eu venha?»"[1] Com isso, João não esclarece o mistério, pois limita-se a repetir textualmente as

---

(1) Jo 21, 18-23.

palavras de Jesus. O Senhor não lhe disse que viveria para sempre, mas que Pedro nada tinha a ver com isso, mesmo que fosse essa a vontade divina.[2]

---

(2) Clemente de Alexandria († 214) cita as *Atas de São João*, que devem ter sido publicadas no ano 150 na província da Ásia, onde se conservava muito viva a memória do Apóstolo. Dessas atas apócrifas, conservaram-se apenas três fragmentos. Relatam as viagens de João a Roma durante o império de Domiciano — sem descrever o seu martírio no azeite a ferver —, o seu exílio em Patmos, os seus trabalhos, acompanhados de grandes prodígios em Éfeso, uma viagem a Laodiceia, muitos detalhes da vida do Senhor, assim como um hino à Paixão pouco conhecido e, finalmente, um relato do sepultamento do Apóstolo. Atribui-se esse memorial a Leucius Charinus, provavelmente discípulo do Apóstolo São João. As ideias que lá se expõem procedem do ambiente gnóstico, mas pode ter acontecido que a redação primitiva publicada pelos católicos com as recordações autênticas de João tivesse sido refundida e viciada pelos círculos gnósticos.

São mais tardias as obras intituladas: *Virtudes de João*, *Paixão de São João* e, sobretudo, *Os Atos*

Conta a lenda que o próprio João se estendeu no seu sepulcro quando sentiu que a sua morte era iminente. Um quadro de Lucas Cranach, o Velho, mostra de um modo ingênuo esse autossepultamento do Apóstolo. O ancião João, depois de oferecer o Santo Sacrifício pela última vez, com o passo hesitante e o olhar cheio de nostalgia, desce ao sepulcro ao encontro da morte, tal como a Sabedoria no *Grande Teatro do Mundo* de Calderón. "Vem, Senhor Jesus!" Um menino apaga a última vela no altar.

Conclui-se a era apostólica e extingue-se a última grande fonte. Mas Santo Agostinho (430) afirma, baseando-se no

---

do Apóstolo Santo e João Evangelista, o Teólogo, reunidos pelo seu discípulo Prochoros. Esta grande coleção de lendas, que data de fins do século V, foi redigida sobre as primitivas *Atas de São João* e teve uma grande aceitação, sobretudo no Oriente.

testemunho de alguns contemporâneos, que ainda no seu tempo o sepulcro de João se movia suavemente de baixo para cima, como se respirasse.[3] É no mínimo um símbolo delicado: através dos séculos cristãos, continuamos a notar vivamente a respiração de João, discípulo do amor. "João continua a viver até à volta do Senhor". O amor a Jesus, que ele acendeu com a mão a tremer, jamais se extinguirá na história da humanidade.

O bispo Polícrates testemunha no ano 190 que João foi sepultado em Éfeso. O túmulo deste grande Apóstolo era muito visitado. Parece ter sido aberto na época do imperador Constantino, que quis edificar uma nova igreja sobre ele, mas somente se encontrou um pouco de pó, de onde nasceu a lenda de que

---

(3) *Tratado 124 sobre o Evangelho de São João.*

João também teria sido levado em corpo mortal aos céus.

A Igreja latina celebra a sua festa no dia 27 de dezembro, dois dias depois do Natal. Esta coincidência é um símbolo e como que uma manifestação de gratidão para com o autor do sublime Evangelho que se lê na noite de Natal: "No princípio era o Verbo... E o Verbo se fez carne". Na primitiva cristandade, celebrava-se nesse dia a festa dos três primeiros Apóstolos Pedro, Tiago e João, companheiros e prediletos dAquele cuja plenitude eles receberam mais do que ninguém. O nome de João — que quer dizer "Deus é gracioso" — começou a estender-se como nome de batismo no século V e hoje é talvez o nome mais espalhado e conhecido do mundo.

Rubens pintou João com um cálice na mão. Segundo a lenda, o grande sacerdote de Ártemis ofereceu ao Apóstolo um cálice envenenado para pôr à prova a verdade e a santidade da religião pregada pelo Apóstolo. Mas depois de João o ter abençoado, saiu do cálice uma serpente. No belo quadro de Rubens, aparece somente o cálice, sem serpente.

Naqueles dias distantes e dourados do seu primeiro amor, o Senhor tinha-lhe perguntado: "Podeis beber o cálice que eu hei de beber?" Na Última Ceia, ele estava muito perto do Santo Graal quando soaram as palavras da Consagração: "Este é o cálice do Novo Testamento no meu sangue". Poucas horas depois, ouvia a queixa dolorosa no Horto das Oliveiras: "Pai, se é possível, afasta de mim este cálice". E, no Calvário, talvez tenham sido as suas próprias mãos que recolheram o sangue divino derramado sobre a Cruz.

João também esgotou o cálice até à última gota com a sua vida cheia de trabalhos, fadigas, paixão e amor. O cálice é o símbolo da sua íntima união com o Senhor. No dia da sua festa, a Igreja oferece em alguns lugares um cálice cheio de vinho dourado, pronunciando estas palavras: *"Bibe amorem Sancti Ioannis"*, "Bebe o amor de São João".

Bem-aventurado São João, alcançai-nos a sede e a embriaguez do amor de Jesus Cristo!

Direção geral
Renata Ferlin Sugai

Direção de aquisição
Hugo Langone

Produção editorial
Juliana Amato
Gabriela Haeitmann
Ronaldo Vasconcelos
Roberto Martins

Capa
Gabriela Haeitmann

Diagramação
Sérgio Ramalho

ESTE LIVRO ACABOU DE SE IMPRIMIR
A 21 DE JUNHO DE 2024,
EM PAPEL OFFSET 75 g/m^2.